Für alle Genießer und Entdecker dieser Welt.

Für Dich.

NECTAR & PULSE ®

Genieße den Nektar,
spüre den Puls.

Tanja & Christian Roos

Glücklich in

Paris

Der Reiseführer für Genießer und Entdecker

SüddeutscheZeitung Edition

1. WILLKOMMEN

Stadtplan · Viertel · Paris in Zahlen

9

2. GLÜCKLICHE 24 STUNDEN

in den schönsten Vierteln von Paris

23

3. LOCAL SOULMATES

Gespräche mit inspirierenden Menschen aus Paris

43

4. KULTUR

Die Essenz der Pariser Kultur

63

5. ESSEN & TRINKEN

Lieblingsrestaurants · Brasserien · Bistros · Picknick

81

6. CAFÉS & SÜSSES

Lieblingscafés · Frühstück · Pâtisserien & Bäckereien

105

Inhalt

7. SHOPS

Paris – die Modestadt und ihre besten Läden

131

8. BARS, MUSIK & VERGNÜGEN

Stilvolle Bars & Paris bei Nacht

155

9. HOTELS

Wo schläft man am schönsten?

161

10. BESONDERE LIEBLINGSORTE

Ausflüge · Märkte · Aussichten ...

175

LINKS & INFOS

Blogs · Instagram · Touren

179

ÜBER NECTAR & PULSE

Die Liebe zum Reisen

181

1. Willkommen

Herzlich willkommen in Paris. Die französische Hauptstadt ist seit jeher einer der kulturell prägendsten Einflussnehmer in Europa, ein weltweit führendes Zentrum für Kunst, Mode, Gastronomie und Kultur. Die Stadt der Liebe und der tausend Lichter ist die Bühne für romantische Picknicks am Eiffelturm oder an der Seine, geschichtsträchtige Sehenswürdigkeiten und inspirierende französische Küche. Wir freuen uns sehr, mit dir unsere Lieblingsorte zu teilen, ganz nach dem Motto von Audrey Hepburn: „Paris ist immer eine gute Idee!"

Bonjour!
Schön, dass Du da bist.

Paris – allein der Name lässt unzählige Bilder vor dem geistigen Auge entstehen und den sofortigen Wunsch, sich vom regen Treiben der Stadt mitreißen zu lassen und in einem der vielen Straßencafés einen Café au Lait mit einem französischen Croissant zu genießen. Paris verströmt einen unerklärlichen Zauber und weist eine reiche Geschichte auf. Die Stadt ist übervoll an Sehenswürdigkeiten, und so stellt sich weniger die Frage, was man bei einem Paristrip machen möchte, sondern was man daraus nur auswählen soll. Es gibt die Klassiker wie Sacré Cœur, Notre-Dame, Arc de Triomphe, das Panthéon – und natürlich den Eiffelturm. Darüber hinaus bietet die Stadt aber auch eine Vielzahl versteckter kleiner Kunstgalerien, Museen, Theater, Modeboutiquen und exzellente Restaurants, Brasserien, Bistros, Weinbars und Cafés.

Ein romantischer Spaziergang entlang der Seine, eine Bootsfahrt oder ein Picknick mit Baguette und einem Gläschen Rosé am Canal Saint-Martin gehören genauso zu einem Besuch wie eine Besichtigung des Louvre. Oder ein Stadtbummel durch das kreative und typisch französische Haut Marais, ein Nachmittag im idyllischen und kaum von Touristen besuchten Stadtteil Belleville, ein Ausflug zum historischen Friedhof Père Lachaise:

Paris bietet vieles. Das Beste daraus teilen wir hier. Man wird auf seiner Reise nie alles sehen können. Daher fokussieren wir uns auf das Wesentliche und teilen mit euch die für uns ungewöhnlichsten und schönsten Orte auf den folgenden Seiten.

Zusätzlich befragen wir inspirierende Locals zu ihren Lieblingstipps und lassen sie in unseren Reiseführern zu Wort kommen. Wir nennen sie Local Soulmates. Daraus entsteht eine spannende Mischung aus originellen und authentischen Orten, wo man die Seele baumeln lassen, den Moment genießen und das Glück in jeder Zelle spüren kann. Ob als Paar, als Familie, mit Freunden oder alleine – für jeden Bedarf gibt es die richtige Adresse. Ganz nach dem Motto: Das Leben ist eine Reise.

In diesem Sinne wünschen wir eine erfüllte Zeit.
Genieße den NEKTAR. Spüre den PULS. Diesmal in Paris.

Herzlichst

Tanja & Christian

Paris Stadtteile

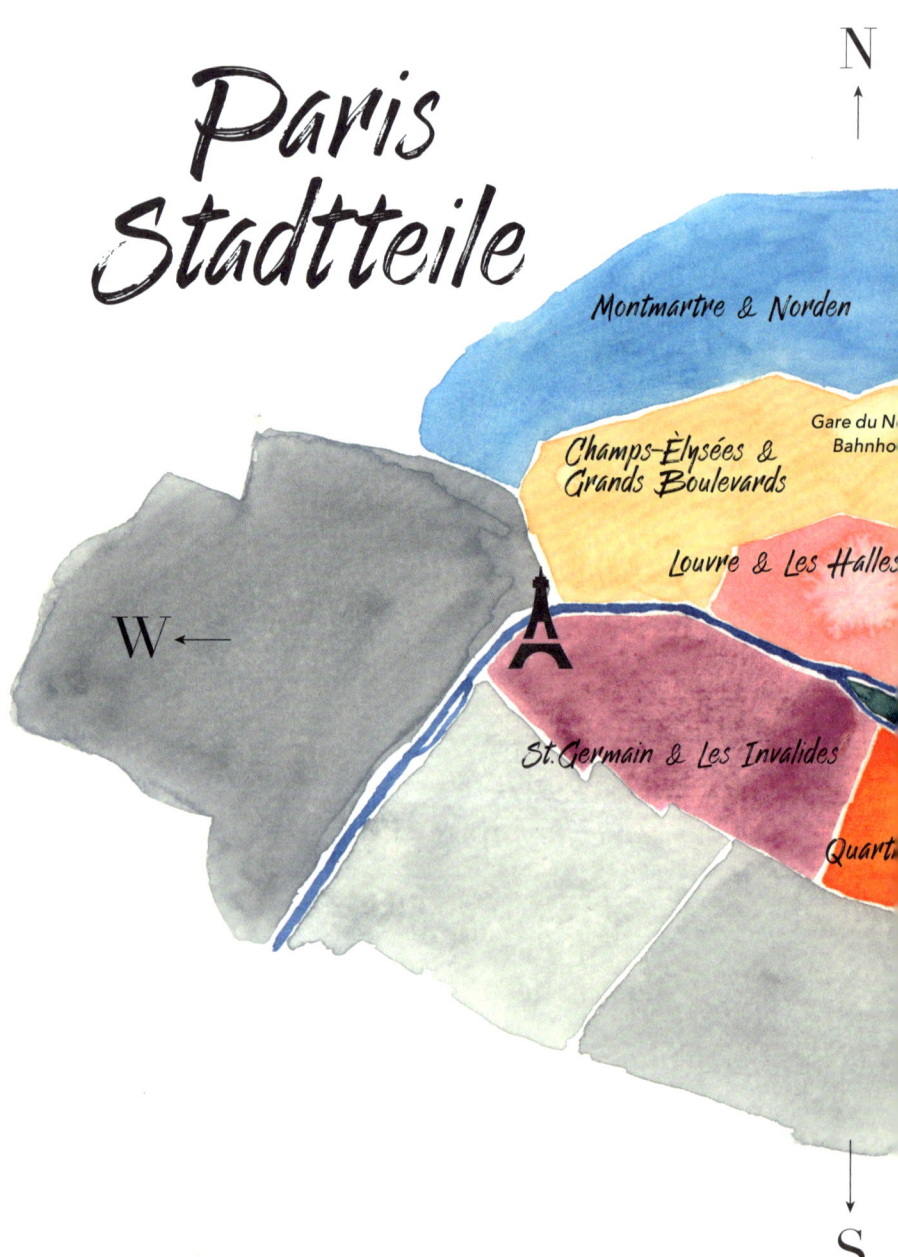

N

W ←

Montmartre & Norden

Champs-Èlysées & Grands Boulevards

Gare du N
Bahnho

Louvre & Les Halles

St.Germain & Les Invalides

Quart

S

Infos zum Guide:

> Im Buch findest du eine große Karte zum Herausnehmen, in der alle Tipps mit Adressen eingezeichnet sind.

> Die einzelnen Kategorien und Viertel sind farbig markiert, so dass du dich schnell orientieren kannst.

> Die Tipps sind entweder nach Viertel oder nach Thema geordnet, so dass du sowohl als auch suchen kannst.

Damit steht einer glücklichen Zeit in Paris nichts mehr im Wege.
Schönes Entdecken!

Paris besteht aus insgesamt 20 Arrondissements, die spiralförmig im Uhrzeigersinn rund um das Zentrum von Paris angelegt sind. Jedes Arrondissement ist wiederum in mehrere Quartiers untergliedert. Wir haben die 10 wichtigsten beschrieben, damit du dich schnell zurechtfindest.

LOUVRE & LES HALLES (ZENTRUM)

Hier im kulturellen Zentrum von Paris befinden sich die interessantesten Museen, die höchste Dichte an herausragenden Restaurants und eine Vielzahl an Showrooms französischer Designer. Neben dem absoluten Highlight, dem Louvre und dem Jardin des Tuileries, sollte man das Palais Royal mit seinem wundervollen Jardin de Palais und die zeitlos schönen Einkaufsgallerien erlebt haben. Kulinarisch reicht das exquisite Angebot von traditionellen Brasserien wie dem *Au Pied de Cochon* bis zu Neo-Bistros wie dem *Frenchie* und zu authentischen Pizzerias wie der *Pizzeria Popolare*. Bon Appetit!

LE MARAIS (ZENTRUM)

Le Marais ist wie das eigentliche Paris, das man vor seinem geistigen Auge sieht: charmante Gassen, hohe weiße Gebäude der Haussmann-Architektur, französische Straßencafés mit den typischen Bistrostühlen und bunten Marquisen, moderne Coffeeshops, unzählige Concept-Stores und Modeboutiquen, Buchhandlungen und spezialisierte Läden für Schirme oder Lederwaren. Und es gibt natürlich vielfältige exzellente Restaurants wie *C.A.M., Breizh Café, Dessance, Miznon* oder den großartigen Markt *Le Marché des Enfants Rouges*. Für die vielen Schritte unbedingt bequeme Schuhe anziehen und möglichst oft ein Fahrrad leihen!

ÎLE DE CITÉ (ZENTRUM)

Das heutige Paris ging aus einer keltischen Siedlung hervor, die auf einer Insel in der Seine vermutlich im 3. Jh. v. Chr. entstand. Es ist damit der älteste Teil der Stadt und Heimat der eindrucksvollen Kathedrale Notre-Dame. Ein Spaziergang zur ältesten Pariser Brücke, dem Pont Neuf, und ein kleines Picknick am Ende des Square du Vert-Galant direkt am Wasser unter der alten Weide ist ein magisches Erlebnis. Die Insel ist ansonsten sehr touristisch und bietet im Vergleich zu Marais und Louvre abgesehen von der Kathedrale kaum Nennenswertes zu entdecken.

MONTMARTRE (NORDEN)

Das berühmte Montmartre mit seinem Labyrinth an engen Gassen war die Heimat von Künstlern wie Vincent Van Gogh, Pablo Picasso und Edith Piaf. Am höchsten Punkt des Hügels thront die schneeweiße Sacré-Cœur, von deren Kuppel man einen weiten Blick über Paris erleben kann. Ein herrlicher Spaziergang führt von Lamarck-Caulaincourt zu Sacré-Cœur, dann Richtung Westen zum Lunch im *Le Coq Rico* und den Hügel hinunter zur wunderbaren Bäckerei *Pain Pain*.

CANAL ST. MARTIN & ST. DENIS (NORDEN)

Wir lieben die Gebiete entlang des Canal St. Martin und nördlich des Porte Saint-Denis. Im Sommer ist der Canal St. Martin gesäumt von Menschen, die hier Picknick machen, Wein und Kaffee trinken, miteinander diskutieren und bis in die tiefe Nacht gerne laut feiern. Heutzutage würde Monet vermutlich genau dieses bezeichnende Bild der Brücke über den Kanal malen. St. Denis hingegen ist wilder und kulturell durchmischter. Am Abend verwandelt sich die Nachbarschaft rund um die Rue Faubourg in ein Vergnügungsviertel mit tollen neuen Restaurants wie dem *Le 52 Faubourg*, leckeren Imbissen wie dem *Urfa Durum* und Bars wie dem *Chez Jeannette*, wo die Leute gerne mal bis hinaus auf die Straße stehen.

BASTILLE (OSTEN)

Hier tobt das Leben! Eine Vielzahl von exzellenten Bistrots, Weinbars, Restaurants und Cocktailbars macht den Bezirk zu einem der angesagtesten und coolsten in Paris. Hier reicht ein Abend nicht aus, am besten erkundet man sowohl den Norden um das legendäre Café *Oberkampf* und die Weinbar *Aux Deux Amis* als auch den Süden zwischen dem Bistrot *Paul Bert* und dem vermutlich besten Restaurant der Stadt, dem *Septime*. Unbedingt reservieren oder einfach mit gut Glück von Weinbar zu Weinbar schlendern.

BELLEVILLE & MÉNILMONTANT (OSTEN)

Belleville war früher ein eigenständiges Dorf und ist mit der Zeit eingemeindet worden. Der ursprüngliche Charakter blieb bisher erhalten, da der Bezirk noch nicht ins Blickfeld der Touristen gelangt ist. Hier lassen sich unabhängige kleine Boutiquen und Galerien entdecken. Hier kann man auch in Chinatown die besten Dumplings der Stadt bei *Ravioli Chinois Nord-Est* genießen oder einen historisch spannenden Spaziergang durch den *Friedhof Père-Lachaise* machen. Im Sommer empfehlen viele unserer Locals ein Picknick mit tollem Ausblick im *Parc des Buttes-Chaumont*.

QUARTIER LATIN (SÜDEN)

Nachdem die Römer die Region um 53 v. Ch. besetzt hatten, gründeten sie eine neue Stadt hier im Lateinischen Viertel am Hügel Montagne Sainte-Geneviève. Am höchsten Punkt dieses Hügels befindet sich bezeichnenderweise das imposante *Panthéon*. Neben zahlreichen Universitäten ist hier zudem der idyllische Botanische Garten mit dem *Naturkundemuseum* und die charmante, aber sehr touristische Straße *Rue Mouffetard*, eine der ältesten Straßen von Paris, zu finden. Aus historischer Sicht ein spannendes Viertel, doch das wahre Zentrum des Pariser Lebens liegt nördlich der Seine.

ST. GERMAIN & LES INVALIDES (SÜDEN)

Der Eiffelturm ist ein symbolträchtiger Ort für Paris und schlicht ein Muss. Am besten verbindet man den Besuch mit einem delikaten Picknick von der *Grande Épicerie* im Park *Jardins du Trocadéro* oder auf der anderen Seite direkt am Champs du Mars. Weiter östlich in St.-Germain-des-Prés gibt es neben High-End-Modeboutiquen und -Kunstgalerien auch einige historische und erlebenswerte Brasserien wie das *Café Flore*, das zum Treffpunkt der Intellektuellen des 20. Jh. wie Sartre, Camus und S. de Beauvoir gehörte. Um den Geist und die Magie vergangener Zeit zu spüren, ist es unbedingt einen Besuch wert. Für kulinarische Erlebnisse gibt es zahlreiche andere hervorragende Weinbars, Bistrots und Patisserien.

CHAMPS-ÉLYSÉES & GRANDS BOULEVARDS (WESTEN)

Die viel besungenen Champs-Élysées wurde geprägt durch exklusive Modehäuser, mondäne Luxushotels und klassische Gourmetrestaurants. Ein Ausflug zum *Grand Palais* mit dem wundervollen Glasdach aus dem 19. Jh. sowie zu den Museen *Musée Jacquemart-André* und *Nissim de Camondo* gehört hier zu den Highlights. Weiter nördlich sind die breiten Straßenzüge der Grands Boulevards sehenswert, die entlang der ehemaligen Stadtmauer verlaufen, bevor diese abgerissen wurde. Hier finden sich die altehrwürdigen Kaufhäuser und das bezaubernde Opernhaus, wo am Abend auf der Steintreppe zu klassischer Musik getanzt werden kann. Hier hat sich zudem eine interessante Szene von Cocktailbars etabliert und im äußersten Norden befindet sich das berüchtigte Vergnügungsviertel Pigalle.

PARIS IN ZAHLEN

20
Bezirke
Arrondissements

ANZAHL EINWOHNER
2,2 Millionen

Einwohner inklusive
Metropolenregion:
12,5 Millionen

Paris – eine Stadt der Kunst,
Mode und Haute Cuisine

Entstanden im 3. Jh. v. Ch.
aus der keltischen
Siedlung „Lutetia"

N 48° 51' 23.81"
E 2° 21' 7.999"

HAUPTSTADT VON
FRANKREICH

„Wenn der liebe Gott sich im Himmel langweilt, dann öffnet er das Fenster und betrachtet die Boulevards von Paris." – Heinrich Heine

Bis **2012** war es Frauen
in Paris untersagt, eine
Hose zu tragen!

200
KIRCHEN

1
Stoppschild in der
ganzen Stadt!

In Paris gibt es ein Hotel, in
dem man die Zimmer stunden-
weise buchen kann:

Love Hotel

12 Millionen
Bienen
in 300 Bienenstöcken

Pariser Katakomben
Unter der Stadt, auf einer
Länge von 300 km, ruhen
die Gebeine von knapp
6 Millionen Menschen

WACHS/MONAT
2.500 LITER
FÜR DAS PARKETT IM LOUVRE

8.000

Cafés mit Terrassen

~~~

Anzahl französischer
Restaurants unter den
50 besten der Welt:

5

Die kleinste Straße von
Paris befindet sich im
2. Arrondissement:
die Rue des Degrés
ist nur 6 m lang

DIE HAUPTGLOCKE IN
DER NOTRE-DAME-
KATHEDRALE WIEGT

13 TONNEN

Paris-Syndrom

Viele Japaner sind scho-
ckiert über die Unhöflich-
keit der Franzosen. Dafür
wurde in Tokio extra eine
Hotline eingerichtet

EIFFELTURM

Offiziell 324 m hoch,
wiegt 10.100 Tonnen
und ist 131 Jahre alt

Im Sommer dehnt sich der Stahl
aus = 15 bis 30 Zentimeter höher

600 Angestellte arbeiten
für den Eiffelturm

Für das Drucken der
Tickets werden jedes Jahr
2 Tonnen Papier benötigt

Nach Plan sollte der Eiffelturm nach 20 Jahren wie-
der abgerissen werden

Alle 7 Jahre wird 18 Monate
lang gestrichen: 60 TONNEN
FARBE auf die 250.000 m²
große Oberfläche
Kosten: 4 Millionen Euro

Die Aufzüge sind im Dauereinsatz

103.000 km/jährlich
= zweieinhalb
Umkreisungen der Welt

37

Brücken
über die Seine

~~~~~~
~~~~~~

137

MUSEEN

463

Parks und Gärten

~~~

FRIEDHÖFE:

14

100
STERNERESTAURANTS
mit insgesamt 134 Sternen
= die meisten Sterne-
restaurants Europas
(weltweit haben nur
Tokyo und Kyoto mehr)

EINZIGER ORT DER
WELT, AN DEM DAS
„M" VON MCDONALDS
NICHT GELB,
SONDERN WEISS IST

Die Stadtverwaltung bestand
auf diese Änderung, da sie
das Gelb geschmacklos fand.

5

große Kaufhäuser und
ca. 17.500 Boutiquen
Das erste große Kaufhaus:
Le Bon Marché, 1852 errichtet

~~~

In Paris kann man 20 von
einst 150 überdachten
PASSAGEN entdecken

„Wer denkt, Abenteuer
seien gefährlich,
sollte es mal mit Routine
versuchen:
Die ist tödlich.“

– Paulo Coelho (*1947)

2. Glückliche 24 Stunden

Es braucht nicht viel für einen gelungenen Tag. Ein gemütliches Café, ein leckeres Essen, interessante Menschen, eine inspirierende Ausstellung, ergreifende Musik oder ein entspannter Spaziergang ... Die folgenden 24 Stunden sind unsere ganz persönlichen Vorlieben für einen glücklichen Tag in den unterschiedlich bunten Arrondissements von Paris. Tauche ein und lass dich treiben, genieße den Nektar und spüre den Puls. Viel Vergnügen und eine schöne Reise in „unser" Paris. Fast alle Tipps der 24 Stunden finden sich auch in den Rubriken und auf der Karte wieder.

Glückliche 24h in: Louvre & Les Halles, Bastille & Belleville, Le Marais & Île de Cité und Montmartre & Canal St. Martin ...

Über glückliches Reisen

Warum eine Reise dein Leben verändern kann. Text: Tanja Roos

Meine Liebesbeziehung mit Paris begann an einem lauen Sommertag. Ich bin schon zuvor oft in dieser Stadt gewesen, aber sie hatte mich nie richtig umgehauen. Ich fand die Pariser arrogant, engstirnig und unfreundlich. Die französische Küche fand ich zu überkandidelt, zu überbewertet, zu teuer – einfach zu viel von allem. Die Pariser Frauen fand ich nicht stilbewusster als andere Frauen in europäischen Großstädten. Die Stadt war dreckig und ich war zunehmend genervt von den vielen nicht funktionierenden öffentlichen Fahrrädern und den versifften Drive-Now-Autos. Was ist nur los mit dieser Stadt?, dachte ich häufig, warum wird sie so in den Himmel gelobt? Kurz: Ich war voreingenommen. Ein bisschen. Naja ok, sehr. Und so beschloss ich, ihr eine neue Chance zu geben. Völlig unvoreingenommen. Frei, wie der Franzose sagen würde.

Gedacht, getan. Wir buchten ein Zugticket von Berlin nach Paris, und da war ich wieder in der klischeeüberhäuften Stadt. Doch was kann Paris dafür, dass der Mensch so viele Erwartungen an diese Stadt stellt? Wir hatten ein kleines Apartment in der belebten Rue Saint-Denis gebucht. Diesmal wollte ich alles anders machen. Also schlenderten wir durch Straßen abseits der üblichen Touristenpfade, wir besuchten Orte, die ich

vorher noch nicht kannte, Foodmarkets, kleine Galerien, wunderschöne Gärten … Wir tanzten bei der Oper im Mondlicht und besuchten viele kürzlich eröffnete Bistros, wo die französische Küche neu interpretiert wurde und jeder Koch unkonventionell und selbstbewusst das macht, was ihm am meisten liegt. Wir trafen uns mit Einheimischen, führten Interviews, und je mehr ich mich mit dem Zauber von Paris beschäftigte, desto mehr verfiel auch ich ihm.

Vielleicht wird Paris auch deswegen als Stadt der Liebe bezeichnet. Denn es ist keine kurze intensive Schwärmerei, sondern eine lebenslange Liebe mit ihr, die langsam und stetig wächst und gedeiht. In die man investieren muss. Die nicht geradlinig verläuft, sondern auch mal turbulent. Wo viele Eigenarten, unterschiedliche Meinungen und knisternde Stimmungen aufeinandertreffen.

Wo nicht nur alles rosig, sondern von Höhen und Tiefen geprägt ist. Aber es ist eine Liebe für immer, un amour éternel. Eine tiefgehende, leidenschaftliche Liebe, für die es sich zu kämpfen lohnt. Für die es sich lohnt, seine Vorurteile aufzugeben, einen neuen Blickwinkel einzunehmen und sich mit allen Ecken und Kanten kennenzulernen. Immer wieder aufs Neue und von unterschiedlichen Seiten.

„Obwohl wir die Welt bereisen, um das Schöne zu finden, müssen wir diese doch mit uns tragen, sonst finden wir sie nicht." – Ralph Waldo Emerson

Da sitze ich also nun auf einem schönen geflochtenen Bistrostuhl mitten in Paris, schreibe meine Gedanken in mein Büchlein, bestelle noch einen Café au Lait und einen Rosé und zünde mir eine Zigarette an. (Eigentlich rauche ich nicht, aber hier fühlt es sich irgendwie richtig an). Ich lächle vor mich hin, mein Herz ist nach diesen Tagen hier ganz erfüllt, und ich schaue verträumt dem Treiben auf der Straße zu. Da beugt sich ein älterer Herr zu mir herüber, der mich wohl schon eine Weile beobachtet hat, und sagt auf französisch: „Glücklich sein kann man überall, Mademoiselle, aber in Paris fällt es besonders leicht." Als ahnte er, für welches Buch meine Notizen gedacht sind …

Glückliche 24 h in Louvre & Les Halles

14 Uhr

Wir machen einen Spaziergang durch den *6. Jardin de Palais Royal*, schlendern dort durch die Arkaden und trinken einen duftenden Kaffee im Café *108. Kitsune*.

12 Uhr

Zum Lunch haben wir eine große Auswahl (renommierte Restaurants wie das *46. Le Meurice*, leckere asiatische Imbisse wie das *57. Izakaya Taisho Ken 3* oder *52. Ippudo*, oder tolle französische Bistros wie das *50. Verjus*, *87. Chez Georges* oder *Saturne*).

9 Uhr

Anschließend leihen wir uns ein Vélib Fahrrad und fahren entlang der magischen Pyramide des *4. Louvre* und durch den *Jardin des Tuileries* zum *1. Museum L'Orangerie*.

8 Uhr

Wir beginnen den neuen Tag mit einem ausgiebigen Frühstück im Restaurant *106. Claus* oder *53. Ellsworth*.

15 Uhr

Zum Flanieren geht es in die *169. Galerie Vivienne* und weiter entlang der Rue Saint-Honoré zum *Place de Vendôme* und den dortigen Luxusgeschäften wie *177. Moynat, 168. La Contrie* oder *Lorenz Bäumer.* Ein tolles Erlebnis ist auch die Teatime im *Ritz* oder im Café *109. Angelina.*

17 Uhr

Wir fahren zur Île de Cité und spazieren durch den *Park Square du Vert-Galant.* Anschließend machen wir ein kleines Picknick an der Inselspitze unter der alten Weide, blicken auf Paris und genießen den mitgebrachten Wein.

18:30 Uhr

Wir werden langsam hungrig und freuen uns auf ein kulinarisches Erlebnis bei *48. Frenchie,* einem der angesagtesten Restaurants in Paris. Ohne Reservierung gehen wir alternativ in die dazugehörige Weinbar.

22 Uhr

Wir erkunden die lebendige Pariser Bar-Szene und gehen in die *208. Mabel Bar* oder zum *206. Experimental Cocktail Club* für ein paar Drinks.

Als alternatives Abendprogramm besuchen wir die *37. Oper Garnier* und erleben in prunkvoller Atmosphäre ein aktuelles Stück; danach besuchen wir noch eine der Weinbars, die bis spät abends geöffnet sind.

ROMANTISCHER BLICK AUF PARIS:
Pont Neuf

„Paris hat kein Ende,
und die Erinnerung
eines jeden Menschen,
der dort gelebt hat, ist
von der jedes anderen
verschieden.“

– Ernest Hemingway

EIN ORT DER KONTROVERSE:

Centre Pompidou

Place Georges-Pompidou
Entworfen von Renzo Piano,
Richard Rogers und Gianfranco
Franchini und von den Einheimischen
La Raffinerie genannt.

Je t'aime
Kann nicht oft genug gesagt werden.

Glückliche 24 h in Bastille & Belleville

14 Uhr

Jetzt gehen wir zum Lunch, entweder in die traditionelle *91. Brasserie L'Européen* oder in die trendigen Bistros *81. Clamato* oder *79. Paul Bert.*

12 Uhr

Wir schlendern eine Runde über den kleinen Flohmarkt *Marché d'Aligre* und stöbern nach Antiquitäten und Vintage-Mode.

10 Uhr

Wir machen einen Spaziergang über die ehemalige Eisenbahntrasse *21. Coulée Verte René-Dumont* (5 km). In den unteren Gewölben befinden sich zahlreiche unabhängige Läden und Kunstgallerien.

9 Uhr

Wir beginnen unseren Tag mit einem herzhaften Frühstück im *137. Mokonuts, 128. Passager* oder *132. Paperboy.* Am Wochenende gehen wir in die *224. La Bellevilloise* und genießen Brunch mit Live-Musik.

15:30 Uh[r]

Rundum zufrieden fahren wir zum historischen
22. Friedhof Père Lachaise, spazieren zum Grab von
Oscar Wilde und schwelgen in vergangenen Zeiten.

16:30 Uhr

Es geht weiter in das hippe Viertel Oberkampf zum
136. Café Oberkampf oder *131. Café Méricourt*. Dort
essen wir Kuchen oder trinken ein erstes Glas Wein.

17:30 Uhr

Wir bummeln durch das spannende Viertel um die Rue
Oberkampf und entdecken Street Art, Gallerien und kleine
Geschäfte.

19 Uhr

Zum Dinner gehen wir zum besten Italiener der Stadt,
zu *76. Ober Mamma*, und essen Trüffelpasta. Danach geht
es zu einer der angesagtesten Weinbars in Paris, zu
99. Aux Deux Amis. Hier sitzen wir länger als vermutet …

23 Uhr

Wir ziehen weiter in die Bar *212. Bisou*, während der Pariser Osten
nun erst richtig lebendig wird. Viel Vergnügen beim Entdecken!

1 Uhr

Wir schlafen glücklich und erfüllt im *243. Hôtel Fabric*
oder im *238. Mama Shelter* ein.

Glückliche 24 h in Le Marais & Île de Cité

14 Uhr

Ein Kaffee im süßen *116. Ob-La-Di* ruft und wir schauen kurz bei *187. Isabel Marant* gegenüber rein oder besuchen alternativ die fabelhafte *152. Pâtisserie Bontemps*.

12 Uhr

Zum Lunch geht es in das Gourmetrestaurant *64. Dessance* oder wir essen leckere Crêpes im obligatorischen *62. Breizh Café*.

10 Uhr

Wir besuchen das etwas unbekanntere Jagdmuseum *9. Musée de la Chasse et de la Nature*.

9 Uhr

Wir beginnen den Tag in Haut Marais mit einem Frühstück im *135. The Hood*, *115. Maison Plisson* oder *118. Fragments*. Dann leihen wir uns ein Vélib Fahrrad.

14:30 Uhr

Für mehr Kultur geht's ins *8. Picasso Museum* oder aber auf eine Shoppingtour durch Haut Marais. Das geht am besten in der Rue des Filles du Calvaire bis hin zum legendären *112./178. The Broken Arm* und danach eine kleine Pause im Square du Temple.

18 Uhr

Wir trinken ein Glas Wein im *113. Charlot Café* und genießen das Pariser-Straßencafé-Leben.

20 Uhr

Auf geht es zum Dinner Richtung Bastille, entweder zum Restaurant *74. Au Passage* oder in das wunderschöne Bistro *75. Le Clown Bar.*

23 Uhr

Wir freuen uns auf einen Cocktail in der mexikanischen Bar *97. Candelaria.*

24 Uhr

Langsam machen wir uns auf den Heimweg in unser Hotel *235. Caron de Beaumarchais* oder *242. Petit Moulin.*

GEHT IMMER:
*Picknick am Eiffelturm,
eingekauft im Le Bon Marché Rive Gauche*

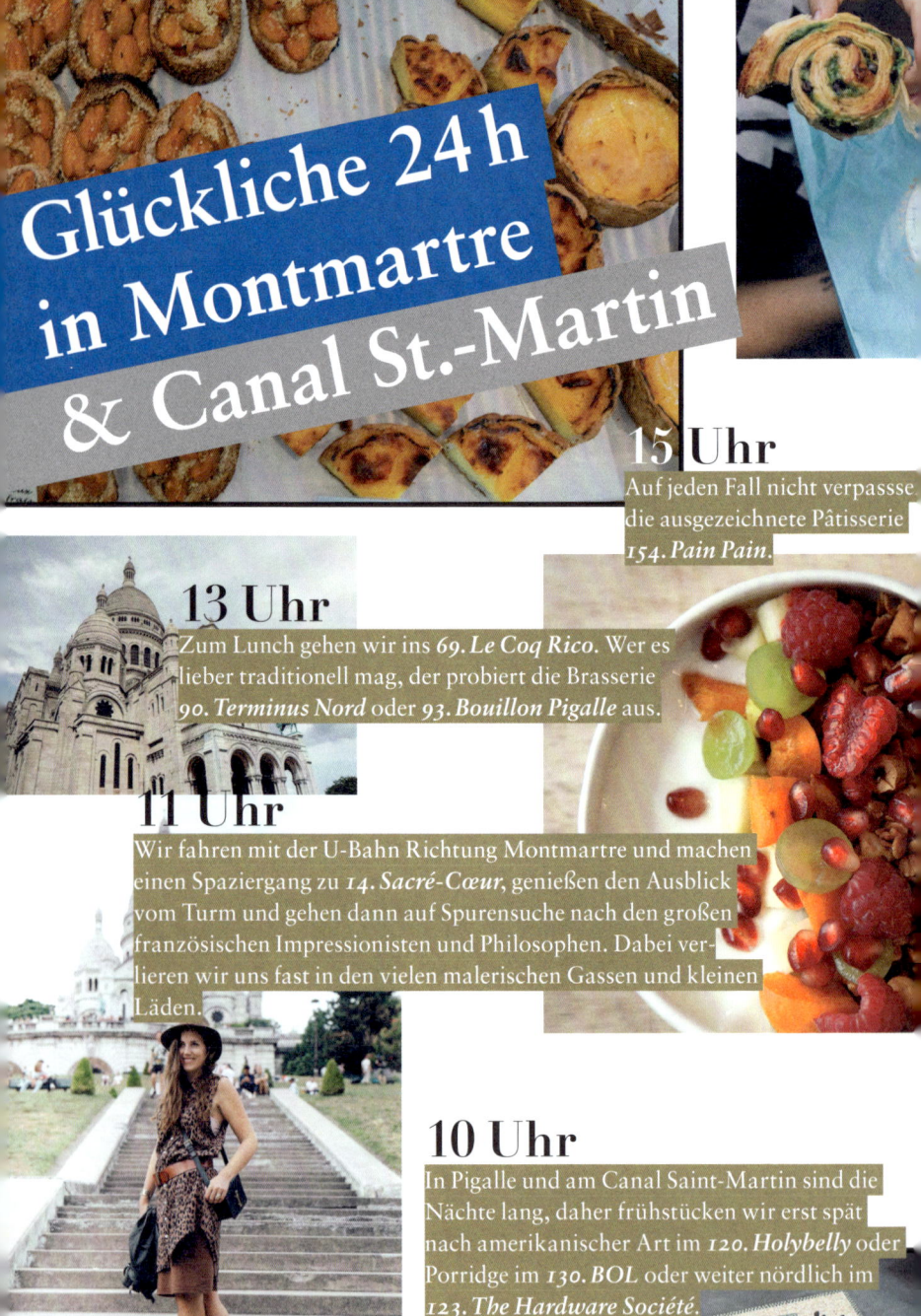

Glückliche 24 h in Montmartre & Canal St.-Martin

15 Uhr

Auf jeden Fall nicht verpassse die ausgezeichnete Pâtisserie *154. Pain Pain*.

13 Uhr

Zum Lunch gehen wir ins *69. Le Coq Rico*. Wer es lieber traditionell mag, der probiert die Brasserie *90. Terminus Nord* oder *93. Bouillon Pigalle* aus.

11 Uhr

Wir fahren mit der U-Bahn Richtung Montmartre und machen einen Spaziergang zu *14. Sacré-Cœur*, genießen den Ausblick vom Turm und gehen dann auf Spurensuche nach den großen französischen Impressionisten und Philosophen. Dabei verlieren wir uns fast in den vielen malerischen Gassen und kleinen Läden.

10 Uhr

In Pigalle und am Canal Saint-Martin sind die Nächte lang, daher frühstücken wir erst spät nach amerikanischer Art im *120. Holybelly* oder Porridge im *130. BOL* oder weiter nördlich im *123. The Hardware Société*.

15:30 Uhr

Den Nachmittag verbringen wir am Canal Saint-Martin. Zuvor gehen wir jedoch noch eine Runde Shoppen in der Rue du Marseille.

16:30 Uhr

Wir kaufen uns ein Baguette und eine Pistazien-schnecke von *155. Du Pain et des Idées*, holen vielleicht noch einen Wein in der Bar *The Cow in the Vines* und setzen uns damit an den Kanal.

18 Uhr

Wir spazieren den Kanal entlang und gehen etwas trinken in der angesagten Bar *217. Le Comptoir Général* oder etwas weiter in die sympathische Weinbar *98. La Cave à Michel*.

20 Uhr

Zum Dinner gehen wir zu *68. Le Châteaubriand*, *103. Le Dauphin* oder *71. Restaurant 52*. Falls wir zufällig Karten für das legendäre *20. Moulin Rouge* gebucht haben oder alternativ ein Konzert in *233. La Cigale* hören möchten, ziehen wir das Dinner natürlich vor.

23 Uhr

Zu später Stunde vergnügen wir uns auf der pulsierenden Rue Faubourg Saint-Denis.

3 Uhr

Jetzt geht es mit dem Taxi schnell zurück in unser *236. Hôtel Providence, Grand Amour* oder in das *247. B & B Les 3 Chambres*.

PERFEKTER AUSKLANG IM WESTEN:
43. Fondation Louis Vuitton
8 Avenue du Mahatma Gandhi

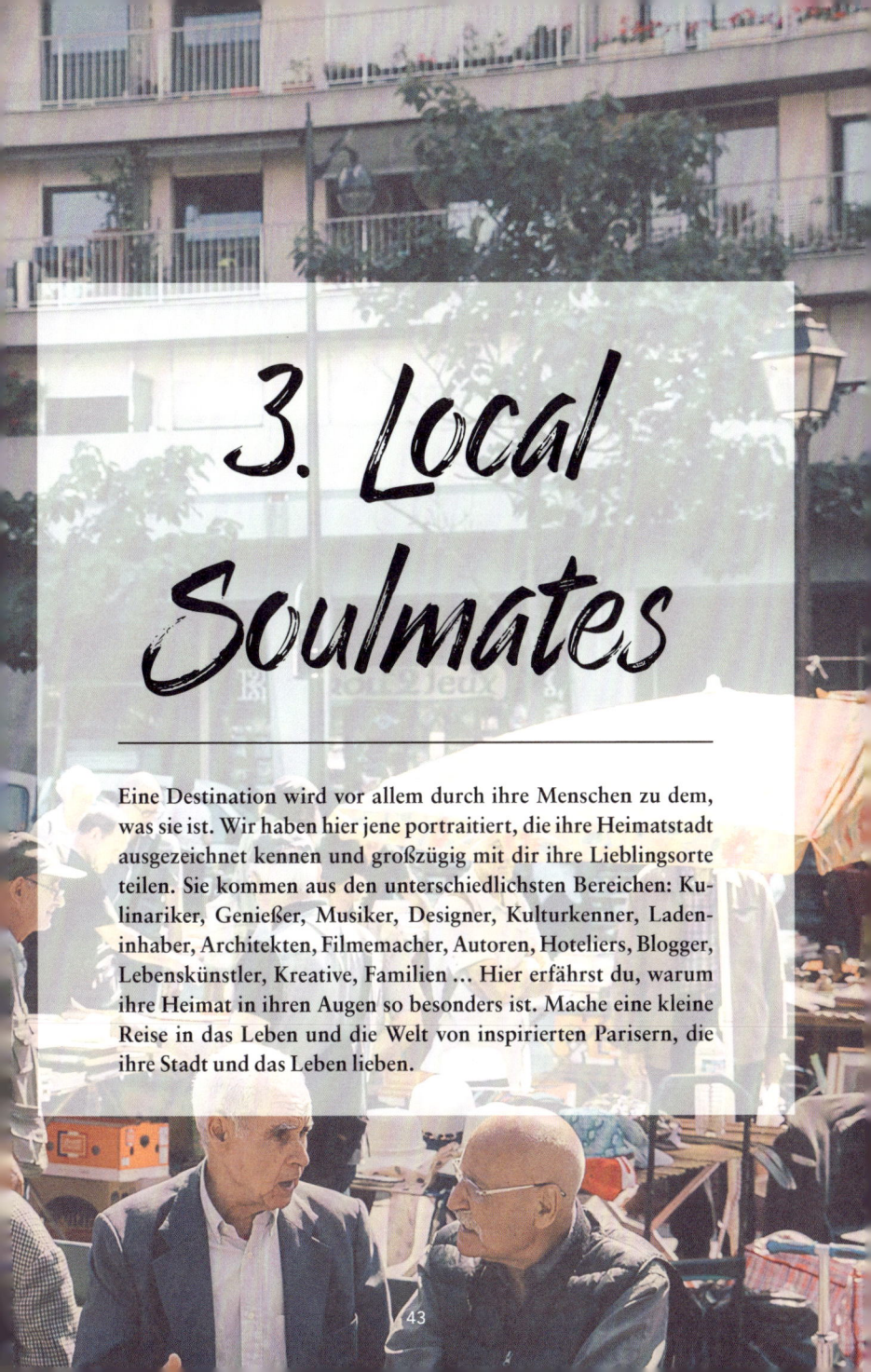

3. Local Soulmates

Eine Destination wird vor allem durch ihre Menschen zu dem, was sie ist. Wir haben hier jene portraitiert, die ihre Heimatstadt ausgezeichnet kennen und großzügig mit dir ihre Lieblingsorte teilen. Sie kommen aus den unterschiedlichsten Bereichen: Kulinariker, Genießer, Musiker, Designer, Kulturkenner, Ladeninhaber, Architekten, Filmemacher, Autoren, Hoteliers, Blogger, Lebenskünstler, Kreative, Familien ... Hier erfährst du, warum ihre Heimat in ihren Augen so besonders ist. Mache eine kleine Reise in das Leben und die Welt von inspirierten Parisern, die ihre Stadt und das Leben lieben.

Wendy Lyn

RESTAURANT-KRITIKERIN · NATURWEIN-LIEBHABERIN · CHEFS BEST FRIEND
wendy-lyn.com · @parisismykitchen

Wie hast du deine Leidenschaft für Kulinarik entdeckt?

Ich bin im tiefen Süden der USA aufgewachsen. Ich liebte die Samstage mit meinem Großvater beim Krabbenfang am Golf von Mexiko für unsere ausgiebigen Familienessen. Daraus ist meine Liebe für authentisches Essen und genussvolles Zelebrieren entstanden.

Was ist der aktuelle globale Trend in der Gastronomie?

Unsere Esskultur hat sich grundsätzlich verändert: Es geht nicht mehr um Raffinesse und Formelles, sondern viel mehr um frische lokale Produkte, ungewöhnliche Kombinationen und kleine Gerichte zum Teilen. Ein ganz klarer Trend ist auch Naturwein. Und es geht um einfache und echte Geschichten und Aromen, die der Gast nur hier und nirgendwo anders erleben kann. Es gilt einen Ort zu erschaffen, der einzigartig ist.

Was liebst du an Paris?

Ich liebe an Paris die Art und Weise, wie man dem Genuss eine solche Aufmerksamkeit schenkt. Jeder Moment wird geschätzt und gefeiert, mit Essen und Wein, mit Familie und Freunden an einem Tisch. Am Sonntagabend können Sie ein ganzes Team aus einem Restaurant antreffen, das gemeinsam eine Mahlzeit teilt. Wir sind eine große kulinarische Familie.

In welchem Bezirk lebst du und warum?

Ich wohne im 11. Arrondissement, dem It-Viertel in Paris, vor allem wegen der vielen Weinbars, die Naturwein anbieten. Ich sehe Köche aus aller Welt hier auf der Straße und in den Restaurants. Wie gesagt, es ist wie eine große Familie.

Was bedeutet Glück für dich? Wo und wann fühlst du dich am glücklichsten?

Glück ist die Freiheit, eine individuelle Work-Life-Balance zu haben. Ich arbeite sehr gern, und in zeitlich begrenzten Phasen auch sehr intensiv, um dann wieder genussvolle Zeit zum Reisen mit meinen Freunden und Küchenchefs zu haben. Der Mix macht es. Wir unternehmen viele Genussreisen. Gerade sind wir für einen Tag nach Venedig geflogen, sind mit einem Glas Prosecco zum Fischen gegangen für das Mittagessen. Dann saßen wir den ganzen Nachmittag in einem 600 Jahre alten Weinberg.

Was sind weitere Empfehlungen von dir?

Aux Deux Amis, Déviant, La Buvette, La Cave de Septime, Double Dragon, …

Ich liebe an Paris
die Art und Weise,
wie man dem Genuss eine
solche Aufmerksamkeit schenkt.

Igor Josifovic & Judith de Graaff

INTERIOR & GRAPHIC DESIGNER · BLOGGER · FOUNDER
urbanjunglebloggers.com · @urbanjungleblog @igorjosif @joelixjoelix

Was macht Paris für euch aus?

Judith: Als Kind habe ich alle meine Sommerferien in Frankreich verbracht. Es war wie mein zweites Zuhause und daher war es eine natürliche Sache für mich, als ich 2002 nach meinem Studium nach Paris gezogen bin. Ich liebe all die schönen Klischees von französischem Stil, Essen und Kultur. Vor allem, weil sie wahr sind! Aber es gibt daneben natürlich noch so viel mehr zu entdecken.

In welchem Viertel wohnt ihr und warum?

Igor: Meine Pariser Basis ist Belleville im 20. Arrondissement. Das ist ein sehr schöner und authentischer Pariser Stadtteil. Früher war es ein Dorf, welches nun mit der Stadt zusammengewachsen ist. Es hat teilweise immer noch einen dörflichen Charakter, aber auch buntes Großstadtflair.

Was empfehlt ihr einem Freund, der zu Besuch kommt?

Igor: Ein entspannter Spaziergang durch die Gassen von Montmartre gehört auf jeden Fall für das Paris Feeling dazu. Danach noch durch die *Galerie Vivienne* schlendern und im Bistro *Vivienne* Trüffelpasta essen. Für die Nachspeise nehme ich meinen Besuch ins *Scoop me a Cookie* mit – dort gibt es die besten Cookies der Stadt. Alternativ gehört auch ein Nachmittag am *Canal St. Martin* zum Shoppen und Kaffeetrinken zum Pflichtprogramm. Anschließend geht es Richtung Marais mit einem Stopp im *Picasso Museum* und Shopping bei *Fleux*. Mittags ins *Miznon* für leckeres israelisches Essen und dann eine Runde über den *Place des Vosges*.

Judith: Ich würde einen Spaziergang entlang der Seine machen und zum *Institut du Monde Arabe* hinaufgehen, um über die Aussicht zu staunen. Danach durch den nahe gelegenen *Jardin des Plantes* schlendern und einen Tee in der *Grande Mosquée de Paris* trinken. Dann würden wir zum finnischen Institut gehen, um etwas Design zu genießen und vielleicht zu einem späten Mittagessen in das dazugehörige Restaurant gehen. Anschließend eine Handtasche bei *Jack Gomme* einkaufen: alle ihre

Wir lieben all die schönen Klischees von französischem Stil, Essen und Kultur. Einfach weil sie wahr sind.

Designs sind Made in France, sie sind meine Favoriten. In *La Grande Epicérie* de Paris würden wir leckere Delikatessen für ein schönes Picknick am *Pont Neuf* einkaufen.

Gibt es besondere Lieblingsrestaurants?

Igor: Ich mag das *Alcazar*, das Restaurant im *Terrass Hotel* und im *KUBE Hotel* zu brunchen, das *Miznon* und *Tavline* für israelisches Essen, das *Ober Mamma* für italienisches Essen, aber auch das kleine *Café Lumière* im St. Blaise Viertel.

Judith: Ich mag das *Abattoir Végétal*, wo man veganes Essen in einem schönen Interieur bekommt, *Izakaya* in der Rue Sainte-Anne für Japanische Köstlichkeiten und die vielen kleinen Restaurants am *Marché des Enfants Rouges*.

Was sind eure Lieblingscafés?

Igor: *The Hood*, *Fragments*, *La Fontaine de Belleville*, *Broken Biscuits*, *Boot Café*.
Judith: *Aloha Café*, *Wild & The Moon*, *Peonies*, *Cuillier*.

Gibt es Lieblingsshops?

Igor: *Fleux*, *Leaf Shop*, *Mama Petula*, *Maison Aimable* und das Kaufhaus *Le Bon Marché*.
Judith: *Empreintes*, *Leaf Shop*, *Mama Petula*, *Jack Gomme*, *Klin d'Oeil*.

Wo geht ihr hin für Kultur, Architektur, Fotografie, Kunst?

Igor: In das *Picasso Museum*, ins *Centre Pompidou* und ins *Musée d'Orsay*.
Judith: Ins *Institut Monde Arabe* (die Aussicht über Paris ist unschlagbar von dort), *Palais de Tokyo*, *Grand Palais*, *Quai Branly*.

Wohin für einen guten Drink oder Party?

Igor: Mein Tipp – ins *Candelaria* (die Bar ist versteckt hinter einem Imbisslokal – man muss durch das Lokal und zur Hintertür).
Judith: Im *Institut Suédois* (der Hinterhof ist schön für Kaffee und Kuchen, aber es gibt auch tolle Abendevents).

KLIN D'OEIL

LEAF

WILD AND THE MOON

Im Gespräch mit

Joann Pai

FOTOGRAFIN · ÄSTHETIN · FOODIE
sliceofpai.com · @sliceofpai

Was machst du beruflich?

Nachdem ich vor über fünf Jahren von Vancouver nach Paris gezogen bin, habe ich mich inzwischen beruflich als Food-Fotografin in Paris etabliert. Das war eine große Herausforderung, denn zu Beginn konnte ich kaum Französisch sprechen und musste mir erst das Vertrauen und die Wertschätzung der gastronomischen Szene in Paris verdienen. Das war gleichzeitig eine tolle Art und Weise, die Stadt zu erkunden, denn über die Kulinarik habe ich die Menschen hinter den Restaurants kennenlernen dürfen. Die Hingabe und die Passion der Franzosen zu Genuss und gutem Essen hat mich dabei besonders fasziniert.

Was sind deine persönlichen Lieblingsrestaurants?

Mokonuts: Von allen Restaurants in Paris ist dies mein Liebstes. Es ist klein und gemütlich, hell und hipp eingerichtet und die Atmosphäre ist sehr familiär, weil man immer in die offene Küche blicken und dem Ehepaar Omar und Moko beim Backen und Kochen zusehen kann. Sie haben zu meiner Hochzeit die Hochzeitstorte aus vorzüglichen Keksen gebacken. Perfekt für Frühstück, Lunch oder Süßes am Nachmittag!
Septime: Während das Restaurant nur 20 Plätze besitzt, hat die Warteliste oft mehr

als 50 Zeilen! Das Septime ist jedes Jahr unter den besten 50 Restaurants der Welt und hat einen ausgezeichneten internationalen Ruf. _Le 52 Faubourg_ in St. Denis ist ein hipper Ort mit kreativer französischer Küche. Im _Miznon_ gibt es köstliche und wunderschöne israelische Gerichte. Unbedingt die Ratatouille Pita und den gerösteten Blumenkohl bestellen!

Welche sonstigen Empfehlungen hast du für Paris?

Kultur: _Atelier Brancusi_, _Musée Rodin_, _Centre Pompidou_, _Palais de Tokyo_, _Opéra Garnier_
Drinks: _Le Mary Celeste_, _Sherry Butt_, _Septime_, _The Cave_ für Wein
Cafés: _La Fontaine de Belleville_, _Café Oberkampf_, _Café Mericourt_, _Fragments_
Shops: _Merci_, _L'appartment Sezane_, _Nose_, _Printemps du Gout_
Lieblingsort: Am Canal St.-Martin sitzen und einen Apéro mit Freunden genießen.

Ausflüge: Ich liebe es am Wochenende nach Beaune ins Burgund zu fahren, eine charmante, kleine Stadt im Weingebiet. Wenn du dorthin fährst, mache unbedingt eine Kochklasse im _The Cook's Atelier_. Ein Erlebnis der Extraklasse!

Oft wünschte ich, dass sich mehr Küchenchefs trauen, ihrem Herzen zu folgen und auf eine solche Weise zu kochen, wie sie es selbst am liebsten essen würden.

Claus Estermann

FRÜHSTÜCKSPIONIER · RESTAURANTINHABER · GENUSSMENSCH
clausparis.com · @claus_paris

Was liebst du an Paris?

Ich wohne in Paris seit 24 Jahren und bin immer noch jeden Tag von der Schönheit der Stadt überwältigt. Die sichtbare Geschichte, die historischen Viertel, die Vielfältigkeit der Einwohner und das Kultur- & Kulinarische Angebot bringen diesen Ort auf höchstes Niveau. Paris ist meist leicht und beschwingt, kann aber das Gegenteil sein. Es ist wirklich sehr leicht, sich in diese Stadt zu verlieben.

Wie ist es für dich, in Paris ein Frühstücksrestaurant zu führen?

Es war mir wichtig, meinen eigenen, kleinen kulturellen Beitrag für die Stadt zu leisten. Für Franzosen ist deutsches Frühstück der Inbegriff eines guten Mahles. Das wollte ich durch meine Restaurants auch so anbieten und konnte viele Pariser dafür gewinnen, frühmorgens außer Haus zu frühstücken. Eine wahre Errungenschaft!

Wie wird in Paris das Essen zelebriert?

Paris ist voll mit Restaurants! Pariser lieben es, außer Haus zu Essen und immer wieder neue Restaurants zu erkunden. Seit etwa zehn Jahren ist Paris aus seinem kulinarischen Tiefschlaf erwacht. Davor gab es viele Gourmetrestaurants, aber nur wenige preiswerte und gute Lokale. Heute gibt es ein zahlreiches Angebot an neuen Bistros. Es ist wieder ein Abenteuer, sich wahrhaftig durch Paris zu essen!

Woher kommt deine Passion zur Gastronomie?

Ich bin im Hotel meiner Eltern in Prien am Chiemsee aufgewachsen, in dem mein Vater 45 Jahre lang Chefkoch war. Heute weiß ich, dass ich nach der Schule immer bestes Essen mit besten regionalen Produkten gekocht bekam. Chiemsee-Fische, freilaufende Hühner, Almochsen und alles, was die umgebende Natur hervorbringt. Das hat mich geprägt.

Welche Restaurants empfiehlst du?

Ich bin oft im *52 Faubourg*, ein Neo-Bistro, in dem man spontan einen Tisch bekommt. Ich mag das *Le Fumoir* wegen der tollen Atmosphäre und dem besten Preis-Leistungsverhältnis der Stadt. Das *Bouillon Pigalle* ist eine gute Empfehlung für alle, die nach einer schönen Brasserie suchen. Häufig und gern esse ich auch Ramen bei *Ippudo*.

Was bedeutet für dich glücklich sein?

Glücklich sein bedeutet für mich, in Demut schöne Dinge oder Momente wirken zu lassen. In der Ruhe liegt die Kraft! Meist im Zusammensein mit Familie und Freunden.

Es war mir wichtig, meinen eigenen, kleinen kulturellen Beitrag für die Stadt zu leisten.

Im Gespräch mit

Carine Keyvan

JOURNALISTIN · PARISERIN · MAMA
hello-hello.fr · @helloblogzine

Was liebst du an Paris?
Ich liebe den heterogenen Charakter der Stadt: sie ist gleichzeitig pulsierend und romantisch, herzlich und aggressiv. Zudem verliebe ich mich immer wieder in dieses typisch französische Straßenbild, welches durch die alten Gebäude der Haussmann-Architektur des 19. Jh. geprägt wurde.

Wenn du eine Sache ändern könntest…?
Die Pariser! Wir haben einen sehr schlechten Ruf in der Welt. Und das zu Recht! Eine der bekanntesten Zeitungen der Stadt heißt Le Parisienne und in einer sehr witzigen und gleichzeitig bezeichnenden Werbekampagne hieß es: „Le Parisienne (Die Pariser), es wäre besser, sie nur als Zeitung zu haben!" Das trifft ziemlich genau unseren Sinn für Humor und unsere schlechte Laune.

In welchem Stadtteil wohnst du?
Ich habe die letzten zehn Jahre im Osten der Stadt gelebt, im 20. Arrondissement. Vor zwei Jahren bin ich nach Ménilmontant gezogen, weil ich die leise Authentizität hier sehr schätze. Es ist eine Mischung aus Bobo (Bourgeois Bohème) und einer multikulturellen Gemeinschaft. Hier findet man keinen H & M, Starbucks oder Zara, sondern kleine Cafés, familiengeführte Restaurants und unabhängige Geschäfte.

Was sind deine Empfehlungen für einen Besuch in Paris?
Auf jeden Fall Le Marais: Im dortigen 4. Arrondissement rund um die Rue des Francs Bourgeois oder den Place des Vosges geht es sehr touristisch zu und man sollte besser die Gegend im 3. Arrondissment erkunden, wir nennen es Le Haut Marais. Besonders *Le Marché des Enfants Rouges* oder *Le Carreau du Temple* oder am Boulevard Beaumarchais, wo es wunderbare Orte wie *Maison Plisson*, *Café Kitsuné* oder *Merci* gibt.

Ich liebe den heterogenen Charakter der Stadt.

VEJA-Gründern

SÉBASTIEN KOPP & FRANÇOIS-GHISLAIN MORILLION · MODEPIONIERE
veja-store.com · centrecommercial.cc || @veja · @centre_commercial

Wie kam es zur Markengründung von Veja und Centre Commercial?

Im Alter von 24 Jahren haben wir begonnen, an nachhaltigen Entwicklungsprojekten großer Unternehmen zu arbeiten. Wir reisten durch die Welt und waren enttäuscht von dem, was wir sahen. Wir entschieden uns, eine neue Art von Marke einzuführen, die Menschen und Umwelt entlang der gesamten Produktionskette respektiert. Unsere Sneaker-Marke VEJA wurde 2005 gegründet. Fünf Jahre später haben wir beschlossen, einen Ort zu schaffen, an dem wir viele Marken und Projekte mit „transparenter" Auswahl sammeln können, die darauf achten, wo und wie sie produzieren. Unsere Stores *Centre Commercial* basieren auf Ästhetik und Transparenz.

Was liebt ihr an Paris?

Es ist eine Stadt, in der man einfach auf der Straße entlanglaufen kann, dazwischen anhalten, einen Kaffee trinken, den Leuten beim Plaudern zuhören ... Es verbindet Künstler, Projekte, Mode, Kultur und Politik sehr gut. Das einzig Negative ist, dass die Stadt immer teurer wird. Und wenn eine Stadt zu teuer ist, verliert sie ihr Herz und ihre gute Mischung.

Warum ist es ein guter Standort für euer Business?

Weil wir uns in der Stadt wohlfühlen, wissen, wie sie funktioniert. Die Terroranschläge 2015 erzeugten Wut, dann ein Trauma, aber dann ein Gefühl der Einheit, alle erkannten, dass das Leben kurz sein könnte, viele Menschen erkannten, dass sie ihren Träumen folgen müssen. In gewisser Weise entfesselte es auf lange Sicht eine positive Energie, ein Gleichgewicht zu dem Schock, den wir alle empfunden haben.

Wenn Freunde auf Besuch kommen, was zeigt ihr ihnen?

Mein erster Ratschlag: Verbringe zwei Tage damit, dich in der Stadt zu verlieren, versuch die echten Pariser Leute zu treffen, wenn du einen Künstler schätzt, dann besuche das Atelier. Ich liebe einen Ort namens *Clamato* im 11., eine der besten Pariser Küchen. Oder *Servan* in der gleichen Gegend. Und *Café Ginger* in Bastille zum Mittagessen, eines der besten Bio-Restaurants, die ich kenne.

Wann bist du am glücklichsten?

Wenn ich Dinge mache, wenn ich mir die Menschen anschaue, die ich liebe und morgens mit der Frau aufwache, die ich liebe.

*Viele Leute sagten am Anfang:
Ihr schafft es nicht. In unseren Stores Centre Commercial sind
wir ein Zuhause für all jene Marken und Ideen, an die
am Anfang keiner glaubte.*

2 rue de Marseille | 9 rue Madame

Kenza Sadoun el Glaoui

MODEBLOGGERIN · MODERATORIN · YOUTUBER
larevuedekenza.fr · @kenzasmg

Wo bist du aufgewachsen und wo lebst du jetzt?
Ich bin in Paris geboren, aufgewachsen und bis jetzt hier geblieben. Es ist einfach zu schön hier.

Woher kommt dein Interesse für Mode?
Mit Sicherheit von meiner Mama. Sie hat lange Zeit selbst in der Modebranche gearbeitet, sie war eine Modefotografie-Agentin.

Wie würdest du deinen persönlichen Stil beschreiben?
Ich bevorzuge stets Kleidung zu tragen, die meinem Körpertyp entspricht und nicht, weil sie gerade trendy ist. Die Mode, die wir tragen, sollte nicht verstecken wer wir sind, sondern genau unsere individuelle Persönlichkeit unterstreichen.

Was liebst du an Paris?
Paris ist einfach eine wunderschöne Stadt. Die Architektur der diversen Viertel verzaubert mich stets aufs Neue. Paris ist eigentlich gar keine Stadt, sondern eher lauter verschiedene Dörfer, die zusammen eine wundervolle Stadt ergeben.

Wenn Freunde zu Besuch kommen, was würdest du ihnen zeigen?
Auf jeden Fall Le Marais. Hier bin ich aufgewachsen, hier ist meine Heimat, mein Zufluchtsort. Paris kann wild, laut und sehr urban sein, Marais aber ist mein sicherer Hafen, mein kleines Dorf. Es vergeht kein Tag, an dem ich hier keinen neuen Ort oder neue Geschichten entdecke. Es ist ein Viertel voller Überraschungen mit einer wahren Seele, egal ob Tag, Nacht oder am Wochenende.

Wo gehst du gerne bummeln?
Die beste Shopping-Gegend ist auch Le Marais. Hier findet man all die Designer Boutiquen wie *Isabel Marant*, *Claudie Pierlot*... gemischt mit Vintageläden wie *Episode* oder *Kiliwatch* in der Nähe von *Etienne Marcel*, *Guerrissol* und *Mamie / Mamie Blue* in der Nähe von Barbes, und *Le Marché aux Puces* in Saint-Ouen.

In Le Marais ist meine Heimat.
Hier bin ich aufgewachsen, hier bin ich Zuhause.

Was sind weitere Lieblingsorte von dir?

Top 3 für Lunch und Kaffee:

- *Season* – gesund, biologisch und sehr gut
- *Café Charlot* – weil man hier immer Freunde trifft
- *Passager Café* – neues It-Café

Top 3 Terrassen:

- *Le Moncoeur Restaurant* – für den Blick auf den Eiffelturm. Hier gehe ich gerne mit Freunden am Freitag Abend für ein Gläschen Wein hin
- *Le Georges* – oben im Le Centre Pompidou für Abendessen
- *Le Nuba* & *Le Wanderlust* – für Parties im Sommer

Wo sollte eine Fashionista hingehen?

- *Episode* – für die Levi's-Vintage-Auswahl
- *Sezane* – weil der Shop so schön ist und für das Pariser Flair
- *Isabel Marant* – ein Klassiker für französische Mode und etwas günstiger in Paris
- *Monsieur Paris* – für den tollen handgemachten Schmuck
- *Swildens* – für den Bohemien Vibe

Wenn Paris eine Frau wäre, wie würdest du sie beschreiben?

Sie arbeitet viel und ist immer beschäftigt. Am schönsten ist es für sie, wenn sie früh aufsteht, um die Ruhe am Morgen zu genießen und einen Kaffee auf dem Balkon zu trinken. Danach macht sie einen kleinen Spaziergang oder leiht sich ein Fahrrad aus. Am Abend trifft sie Freunde für eine Ausstellung, Kino oder ein paar Cocktails und Dinner. Danach geht sie auf eine spontan organisierte Party an einem aufregenden Ort. Sie ist genauso kultur- wie modebegeistert und weiß viel über die Geschichte von Frankreich.

GEHT IMMER:
Panthéon
Place du Panthéon

4. Kultur

Die kulturelle Vielfalt in Paris ist unerschöpflich. Manche nennen sie auch DIE Kulturhauptstadt Europas, wenn gar der Welt. Wichtige Strömungen in Literatur, Philosophie, Musik, Architektur und den schönen Künsten finden hier seit der zweiten Hälfte des 17. Jahrhunderts ihren Ursprung. Es ist seit jeher ein Ort der Begegnung von Künstlern, Intellektuellen und Poeten. Das Kulturleben wird in Paris stets zelebriert und zieht jedes Jahr zahlreiche internationale Kulturbegeisterte und Kunstfreunde an. Es folgt eine Übersicht mit den kulturellen Essenzen, die wir persönlich besonders schätzen.

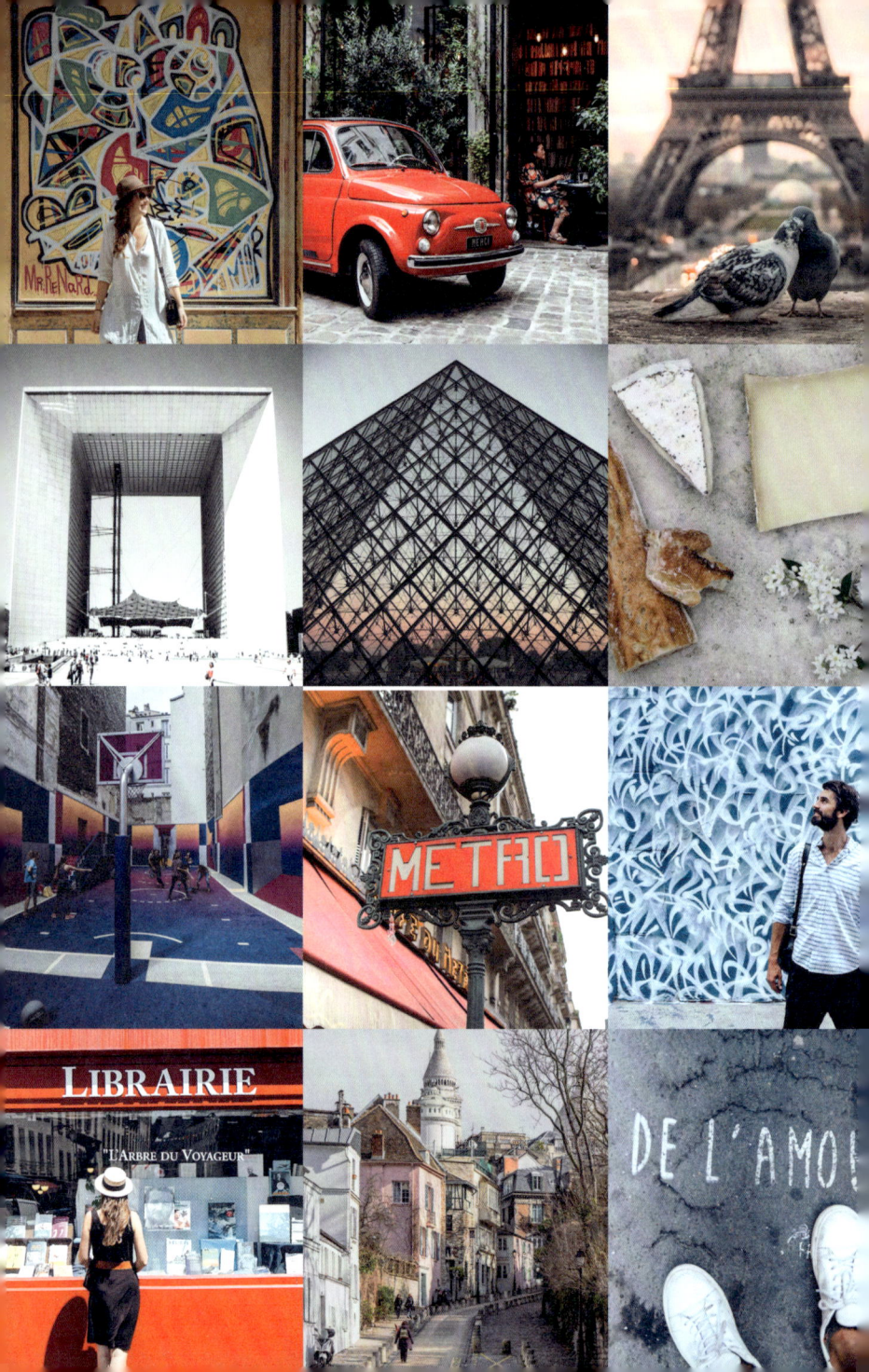

LOUVRE & LES HALLES

1. Musée de l'Orangerie
Jardin Tuileries

2. Galerie de Jeu de Paume
1 Place de la Concorde

3. Cathédrale
Notre-Dame de Paris
6 Parvis Notre-Dame-Pl. Jean-Paul II

4. Louvre
Rue de Rivoli

5. BNF Richelieu Site
58 Rue de Richelieu

6. Palais Royal
8 Rue de Montpensier

7. Jardin du Palais Royal
2 Galerie de Montpensier

LE MARAIS

8. Musée de Picasso
5 Rue de Thorigny

9. Musée de la Chasse
et de la Nature
62 Rue des Archives

10. Place des Vosges
Place des Vosges

11. Centre Georges
Pompidou
Place Georges-Pompidou

12. Marché des
Enfants Rouges
39 Rue de Bretagne

NORDEN

13. Philharmonie de Paris
221 Avenue Jean Jaurès

14. Basilika Sacré-Cœur
35 Rue du Chevalier de la Barre

15. Parti Communiste Franç.
57 Rue des Vinaigriers

16. Parc des Buttes-Chaumo
1 Rue Botzaris

17. Le Bateau-Lavoir
13 Place Émile Goudeau

18. Musée de Montmartre
12 Rue Cortot

19. Cimetière (Fried-
hof) de Montmartre
20 Avenue Rachel

20. Moulin Rouge
82 Boulevard de Clichy

OSTEN	SÜDEN	WESTEN
21. Coulée Verte René-Dumont *Coulée verte René-Dumont*	**24. Rue Mouffetard**	**35. Musée de la Vie Romantique** *16 Rue Chaptal*
22. Cimetière (Friedhof) du Père Lachaise *16 Rue du Repos*	**25. Panthéon** *Place du Panthéon*	**36. Grand Palais** *3 Avenue du Général Eisenhower*
23. Rue Crémieux	**26. Jardin des Plantes** *57 Rue Cuvier*	**37. Opéra Garnier** *8 Rue Scribe*
	27. Muséum national d'Histoire naturelle *57 Rue Cuvier*	**38. Arc de Triomphe** *Place Charles de Gaulle*
	28. Musée Rodin *77 Rue de Varenne*	**39. Musée Nissim de Camondo** *63 Rue de Monceau*
	29. Eiffelturm *5 Avenue Anatole France*	**40. Petit Palais** *Avenue Winston Churchill*
	30. Quai Branly *37 Quai Branly*	**41. Musée Jacquemart-André** *158 Boulevard Haussmann*
	31. Musée d'Orsay *1 Rue de la Légion d'Honneur*	**42. Musée Marmottan Monet** *2 Rue Louis Boilly*
	32. Institut du Monde Arabe *1 Rue des Fossés Saint-Bernard*	**43. Fondation Louis Vuitton** *8 Avenue du Mahatma Gandhi*
	33. Katakomben *1 Avenue du Colonel Henri Rol-Tanguy*	**44. Palais de Tokyo** *13 Avenue du Président Wilson*
	34. Fondation Cartier *261 Boulevard Raspail*	**45. Jardins du Trocadéro** *Place du Trocadéro et du 11 Novembre*

GEHT IMMER:

4. Louvre

Rue de Rivoli

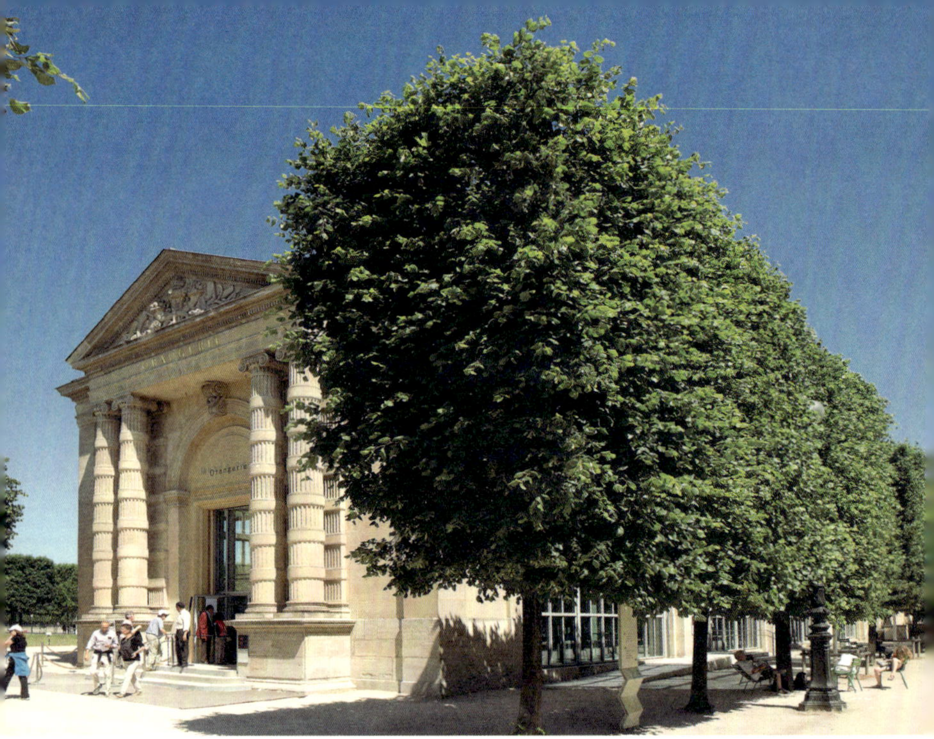

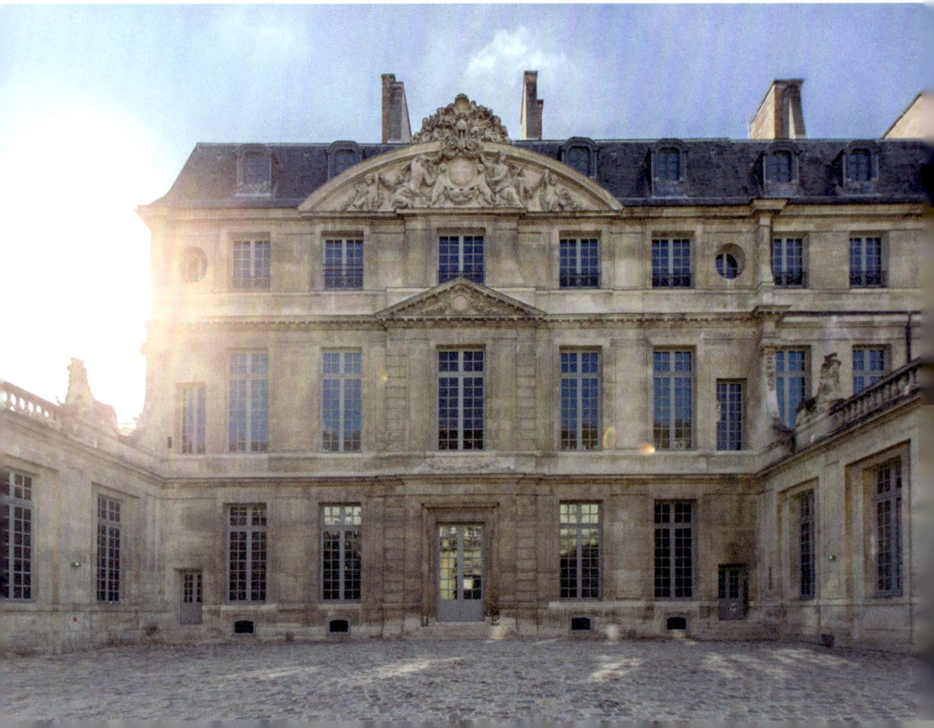

1. MUSÉE DE L'ORANGERIE

LOUVRE & LES HALLES • *Jardin Tuileries*
musee-orangerie.fr

Dieses verhältnismäßig kleine Museum am westlichen Ende des Parks Jardin des Tuileries ist eine tolle Alternative zum benachbarten, stark frequentierten Louvre. Vor allem die Impressionisten sind hier einzigartig präsentiert, unter anderem kann man sich hier im berühmten Gemälde der Seerosen von Monet verlieren.

8. MUSÉE DE PICASSO

LE MARAIS • *5 Rue de Thorigny*
museepicassoparis.fr

Inspiriert vom Impressionismus reiste der junge Spanier Pablo Picasso im Jahr 1900 erstmals nach Paris. Danach folgten weitere kürzere Besuche und längere Aufenthalte, während derer er beispielsweise in seinem Atelier auf dem Montmartre (13 Rue Ravignan) lebte. Hier stellte er auch das kunsthistorisch bedeutende Werk „Les Demoiselles d'Avignon" fertig, welches den Übergang zum Kubismus bedeutete. Das Museum zeigt eine der größten Ausstellungen des Künstlers weltweit.

9. MUSÉE DE LA CHASSE ET DE LA NATURE

LE MARAIS • *62 Rue des Archives*
chassenature.org

Und es gibt sie doch, diese Geheimtipps: Meist nur französische Touristen finden dieses tolle Museum, das sich dem speziellen Motiv der Jagd widmet. Ausgestellt werden großformatige Gemälde und Fotographien, ausgestopfte Tiere, Wandteppiche, Möbel, Waffen und Kurioses. Dadurch entsteht in Zusammenspiel mit der opulenten königlichen Einrichtung der Villa eine mystische Atmosphäre, die uns ganz und gar einnimmt. Ein Highlight war zudem die zeitgenössische Ausstellung mit Kohei Nawa.

10. PLACE DES VOSGES

LE MARAIS • *Place des Vosges*
parisinfo.com

Es handelt sich hier um den ältesten öffentlichen Platz von Paris und gilt als der schönste der fünf „königlichen Plätze", die von König Heinrich IV. Anfang des 17. Jahrhunderts beauftragt wurden. Im Haus Nr. 21 wohnte beispielsweise von 1622–1625 Kardinal Richelieu, in Nr. 6 von 1832–1848 der Schriftsteller Victor Hugo. Der Park wurde hingegen erst Ende des 19. Jahrhundert integriert.

GEHT IMMER:

6. Palais Royal

8 Rue de Montpensier

PALAIS-ROYAL

13.

28.

13.

13. PHILHARMONIE DE PARIS

*MONTMARTRE & NORDEN • 221 Avenue
Jean Jaurès • philharmoniedeparis.fr*

Das Gebäude wurde erst 2015 eröffnet, das Design der Pariser Philharmonie stammt vom Architekten Jean Nouvel aus dem Jahr 2007. Die ineinander verschränkten Aluminiumwände zeigen auf ihrer Fassade 340.000 Vogelmotive, die von der Ferne wie Fischschuppen schimmern. Bei schönem Wetter lässt sich ein Besuch gut mit einem Besuch im Freibad bei Bassin de la Villette verbinden.

22. CIMETIÈRE DU PÈRE LACHAISE

*BELLEVILLE • 16 Rue du Repos
parisinfo.com*

Paris hat einige historische Friedhöfe für interessante Spaziergänge durch die französische Geschichte zu bieten. Der Friedhof Père Lachaise ist dabei unser Favorit, denn er liegt in relativer Nähe zum hippen Viertel Belleville und dem schönen Café Oberkampf. Wir empfehlen im Norden des Friedhofs zu starten und auf jeden Fall die Gräber von Honoré de Balzac und Oscar Wilde zu besichtigen.

28. MUSÉE RODIN

*ST. GERMAIN • 77 Rue de Varenne
musee-rodin.fr*

Einer unserer absoluten Lieblingstipps für Paris! In dem um 1730 erbauten Stadtschloss wohnten seit Anfang des 20. Jahrhunderts verschiedene Künstler, darunter auch zwischen 1908 und 1917 der Bildhauer Auguste Rodin. Neben bekannten Skulpturen wie der Statue „Der Denker" findet sich hier auch die Privatsammlung Rodins, die unter anderem Gemälde von Vincent van Gogh enthält.

33. KATAKOMBEN

SÜDEN • 1 Avenue du Colonel Henri Rol-Tanguy • catacombes.paris.fr

Die Katakomben liegen verborgen unterhalb des südlichen Paris und haben ein Streckennetz von über 300 km. Es handelt sich dabei um die ehemaligen unterirdischen Steinbrüche, wo bis zu Beginn des 19. Jahrhunderts die Gebeine von rund 6 Millionen Parisern ihre Ruhestätte fanden. Es gibt immer wieder schaurige Geschichten von Menschen, die sich hier unten verirren und erst nach Tagen wieder ans Tageslicht finden, deshalb lieber mit einem Guide unterwegs sein!

39. MUSÉE NISSIM DE CAMONDO

*CHAMPS-ÉLYSÉES & GRANDS BOULEVARDS
63 Rue de Monceau • lesartsdecoratifs.fr*

Graf Moïse de Camondo erbaute dieses eindrucksvolle klassische Stadtpalais nach dem prunkvollen Vorbild des Petit Trianon von Versaille. Das Haus wurde in seinem ursprünglichen Zustand belassen und zeigt daher einen authentischen Querschnitt eines aristokratischen Haushalts im 19. Jahrhundert.

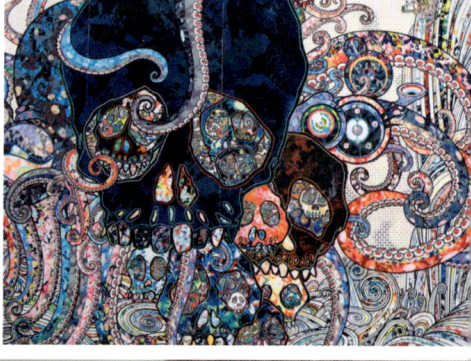

43.

41. MUSÉE JACQUEMART-ANDRÉ

CHAMPS-ÉLYSÉES & GRANDS BOULEVARDS
158 Boulevard Haussmann
musee-jacquemart-andre.com

Das Museum in dem klassisch-französischen Stadtpalais wurde um 1870 erbaut und zeigt die persönlich kuratierte Kunstsammlung des Ehepaars Édouard André und Nélie Jacquemart. Sie gehörten einer einflussreichen Bankiersfamilie an und sammelten auf verschiedenen Reisen nach Italien bedeutende Werke der Renaissance, die auf wundervoll romantische Weise präsentiert werden.

42. MUSÉE MARMOTTAN MONET

WESTEN • *2 Rue Louis Boilly*
marmottan.fr

Jean Claude Monet ist tatsächlich gebürtiger Pariser und wuchs im Stadtteil der Grands Boulevards auf. Das wundervolle Museum zeigt die größte Sammlung seiner Werke und liegt im äußersten Westen der Stadt, ganz in der Nähe der auch sehr sehenswerten Fondation Louis Vuitton.

43. FONDATION LOUIS VUITTON

WESTEN • *8 Avenue du Mahatma Gandhi*
fondationlouisvuitton.fr

Wir waren sprachlos, als wir bei einem sommerlichen Abendspaziergang mit Sonnenuntergang dieses ungewöhnliche Gebäude erstmals erkundeten. Die Architektur ist sehr besonders, und der Entstehungsprozess der chaotischen Skizzen des Architekten Frank Gehry bis hin zur technischen Umsetzung wird toll erklärt und mit Videos dargestellt. Im Sommer findet hier neben Kunstausstellungen auch einmal im Monat ein Musik-Event mit DJ, leckeren Drinks und Essensständen statt.

44. PALAIS DE TOKYO

WESTEN • *13 Avenue du Président Wilson*
palaisdetokyo.com

Das Palais de Tokyo beherbergt das Museum für zeitgenössische Kunst. Einzigartig ist an diesem Museum nicht nur die überdimensionierte Architektur, sondern auch die Öffnungszeiten: es ist nämlich bis Mitternacht geöffnet! Ein Besuch lässt sich aber auch gut mit einem Spaziergang am Vormittag über den schönen Markt *Marché Président Wilson* verbinden, dieser ist nur samstags und mittwochs geöffnet. Das *Musée d'art moderne de la Ville de Paris* belegt den Ostflügel im Palais de Tokyo und zeigt ebenso sehenswerte wechselnde Ausstellungen. Die Dauerausstellung ist konstenlos.

„Wenn du das Glück hattest,
als junger Mensch in Paris zu leben,
dann trägst du die Stadt
für den Rest deines Lebens in dir,
wohin du auch gehen magst,
denn Paris ist ein Fest fürs Leben."
–Ernest Hemingway

5. Essen & Trinken

„Die Kultur hängt von der Kochkunst ab."
– Oscar Wilde

Essen wie Gott in Frankreich. Die französische Küche ist legendär, doch galt sie zuletzt bei vielen als überholt, zu reglementiert und schlicht zu teuer. Vor etwa zehn Jahren hat sich die französische Küche jedoch neu erfunden. Die so genannten Neo-Bistros sind Zeugnis einer neuen kulinarischen Zeit: Wenige und regionale Zutaten, besondere Aromen-Kombinationen, vielfältige Gerichte zum Teilen und dazu Naturwein machen ihren Reiz aus. Es gibt also viel Neues zu entdecken, aber auch Traditionelles und Exotisches kommt in unserer Auswahl nicht zu kurz. Viele der Restaurants haben auch mittags geöffnet und bei vielen Bedarf es einer Reservierung.

46.

46. LE MEURICE

LOUVRE & LES HALLES • 228 Rue de Rivoli
dorchestercollection.com • + 33 1 44 58 10 10

Alain Ducasse ist der erfolgreichste Chefkoch in Frankreich, wenn es nach der Anzahl der Sterne geht. In diesem königlich anmutenden Spitzenrestaurant wird beste französische Haut Cuisine serviert. Ein extravagantes Erlebnis für den besonderen Anlass. Das Mittagsmenü liegt bei 130 €.

47. LE FUMOIR

LOUVRE & LES HALLES • 6 Rue de l'Amiral de
Coligny • lefumoir.com • +33 1 42 92 00 24

Das Lieblingsrestaurant von unserem Local Claus Estermann. Empfohlen wegen der tollen typisch französischen Atmosphäre und dem besten Preis-Leistungsverhältnis der Stadt!

48. FRENCHIE

LOUVRE & LES HALLES • 5 Rue du Nil
frenchie-restaurant.com • + 33 1 40 39 96 19

Zu Recht sehr beliebt, und so haben wir selbst mit zwei Wochen Vorlauf keinen Tisch reservieren können. Stattdessen waren wir zu später Stunde in der gegenüberliegenden Weinbar und konnten einen kurzen Einblick in das Restaurant gewinnen. Ausgezeichnet! Etwas abgelegen in einer süßen Nebenstraße, mit gemütlicher Atmosphäre und erfahrenem, herzlichen Service. Tagsüber gibt es hier auch noch Frenchie To-Go.

49. BALAGAN

LOUVRE & LES HALLES • 9 Rue d'Alger
balagan-paris.com • + 33 1 40 20 72 14

Balagan ist hebräisch und bedeutet „fröhlicher Basar". Entsprechend lebhaft geht es hier zu, zumal die Gründer des Experimental Cocktail Club hinter diesem schicken trendigen Restaurant stehen. Hier gibt es herrliches israelisches Focaccia mit Tahini, zartes gegrilltes Lamm und schmackhafte Rote-Beete-Salat mit exotischen Aromen und toller Optik.

50. VERJUS

LOUVRE & LES HALLES • 52 Rue de Richelieu
verjusparis.com • + 33 1 42 97 54 40

Ein Lieblingstipp von Wendy Lyn. Das Verjus gehört zu den französischen Restaurants mit den häufigsten Reservierungsanfragen in Paris, daher unbedingt früh genug dran sein. Das Essen ist reich und deftig. Auf jeden Fall die Parmesan-Suppe, das Rinderschmorgericht und den Reispudding probieren.

51. RAVIOLIS CHINOIS NORD-EST

LOUVRE & LES HALLES • 115 Rue Saint-Denis
+ 33 9 81 17 19 08

Ob scharf gebraten, gedünstet oder in der Suppe, wir lieben Dumplings! Und hier ist das Pariser Paradies für diese chinesischen Ravioli. Ein einfaches Imbissrestaurant für einen schnellen Lunch.

Französisches Bistro

Bistro leitet sich aus dem russischen Wort für „schnell" ab. Auf seine Art und Weise besitzt ein Bistro viel Leben auf kleinem Raum, mit Fokus auf die Theke und schnellem Service. Es ist immer etwas laut, Lachen liegt in der Luft und die Kellner flitzen durch die Gegend, um den gleichzeitigen Bestellungen Herr zu werden. Die Gerichte sind gern modern interpretiert, ob klassisch französisch oder international. Hier wird dann gern nochmal zu Neo-Bistro unterschieden.

52. IPPUDO

LOUVRE & LES HALLES • 74–76 Rue Jean-Jacques Rousseau • ippudo.fr +33 1 42 86 09 85

Kleines und modernes Ramen-Restaurant mit günstigen Preisen und vorzüglichen Nudelsuppen! Eine weitere Empfehlung von Claus Estermann, der hier am liebsten zum Lunch hingeht.

53. ELLSWORTH

LOUVRE & LES HALLES • 34 Rue de Richelieu ellsworthparis.com • +33 1 42 60 59 66

Ein tolles Restaurant mit einer kleinen, feinen, stets wechselnden Karte. Es gibt einige wenige ausgezeichnete Konstanten wie die Hühnerpastete, die Venusmuscheln in Weißweinsauce und das frittierte Hühnchen. Die Desserts sind traumhaft!

54. DAROCO

LOUVRE & LES HALLES • 6 Rue Vivienne www.daroco.fr • +33 1 42 21 93 71

In einem ehemaligen Jean-Paul-Gautier-Showroom und daher mit großartigem Interieur mit Marmortischen, viel Grün und modernem Schic, befindet sich das Daroco. Auch die Gerichte sind herrlich anzuschauen und unsere liebsten Favoriten waren das Bruschetta, die Pizza und als Desert zum Teilen das Schokoladen-Mousse.

55. BISTROT VIVIENNE

LOUVRE & LES HALLES • 4 Rue des Petits Champs • bistrotvivienne.com +33 1 49 27 00 50

Die Galerie Vivienne (Beginn des 19. Jh.) mit dem gemusterten Boden und dem hohen Glasdach gehört für uns zu den schönsten Passagen in Paris und ist definitiv eines dieser romantischen Paris-Erlebnisse. Hier kann man wunderbar zum Lunch verweilen.

56. PIZZERIA POPOLARE

LOUVRE & LES HALLES • 111 Rue Réaumur bigmammagroup.com • +33 1 42 21 30 91

Der vermutlich beliebteste Laden für Pizza in Paris. Sehr belebte Atmosphäre mit offener Küche und die Wände prall gefüllt mit bunten Flaschen. Hier wird es besonders am Abend schnell sehr voll und quirlig.

57. IZAKAYA TAISHO KEN 3

LOUVRE & LES HALLES • 11 Rue Sainte-Anne + 33 1 42 96 27 60

Kleines und einfaches Japanisches Restaurant mit vorzüglichen Ramen-Suppen und leckeren Gyoza – die wir ja über alles lieben! Super Lösung für einen günstigen Lunch.

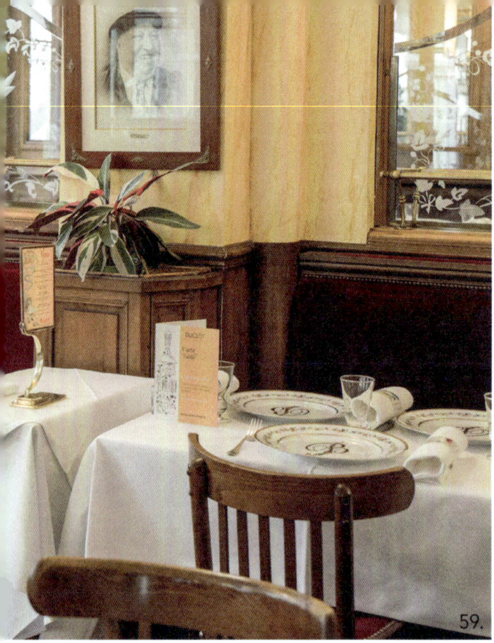
59.

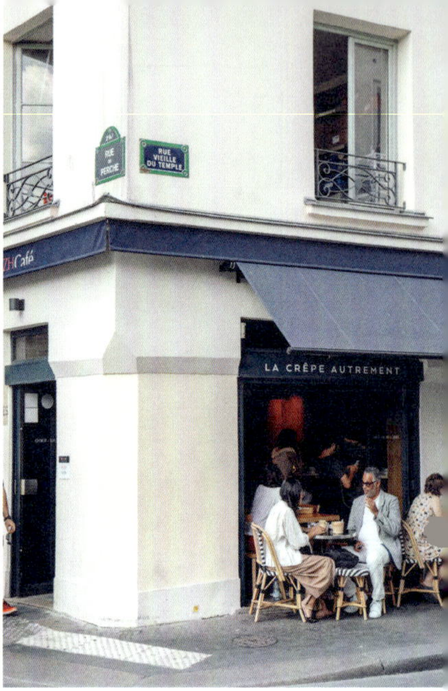
RUE DU PERCHE
RUE VIEILLE DU TEMPLE
LA CRÊPE AUTREMENT

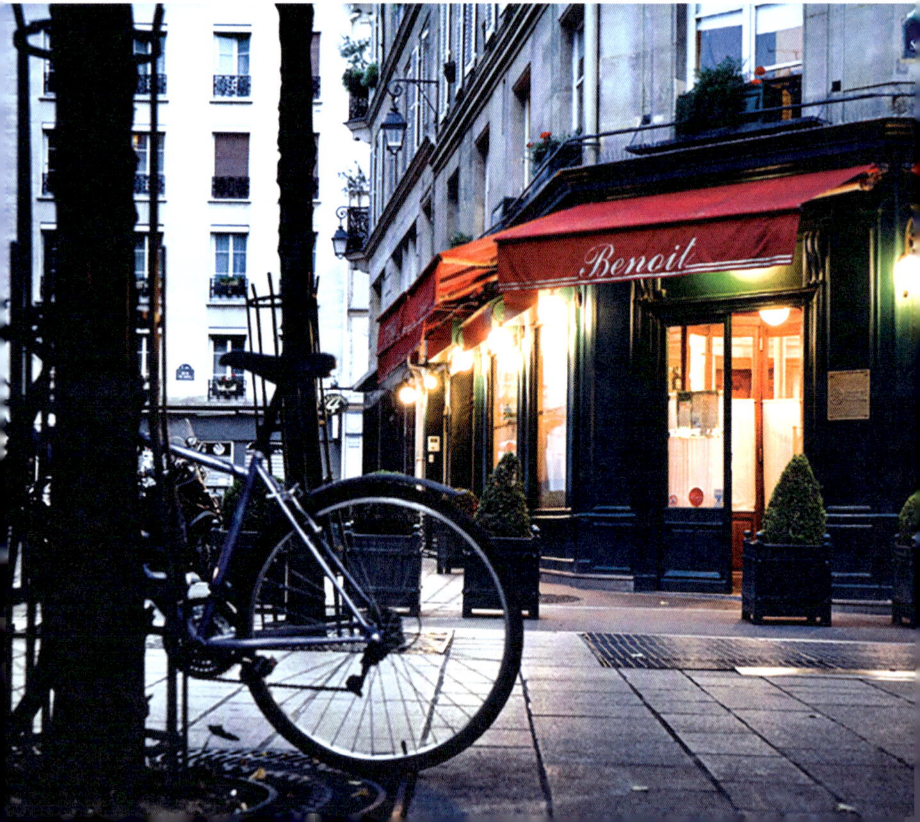
Benoit

58. ANAHI

LE MARAIS • *49 Rue Volta*
anahi-paris.com • + 33 1 83 81 38 00

Das Anahi ist ein kleines Eckbistro mit sehr schönem Interieur in einer ehemaligen Fleischerei. Passend zur Geschichte der Location sind besonders die Fleischgerichte zu empfehlen.

59. BENOIT PARIS

LE MARAIS • *20 Rue Saint-Martin*
benoit-paris.com • + 33 1 58 00 22 05

Gemütlich schick französisches Bistro von Meisterkoch Alain Ducasse. Es gehört zu den ältesten Bistros in Paris und feierte kürzlich 100-jähriges Jubiläum. Konform zur Geschichte und Atmosphäre des Hauses wird klassische französische Küche in perfekter Handwerkskunst serviert.

60. IMPORT EXPORT C.A.M

LE MARAIS • *55 Rue au Maire*
+ 33 6 26 41 10 66

Die kulinarische Gemeinschaft in Paris ist sich einig: das neue C.A.M.-Import-Export-Restaurant ist wohl die aufregendste Dinner-Erfahrung, die man derzeit in Paris machen kann. Zur Drucklegung des Buches gerade erst eröffnet, gehört es bereits zu den meist genannten Empfehlungen. Die Gaumenfreuden reichen von asiatischen Nudelsuppen bis hin zu französischen Gerichten asiatisch interpretiert. Immer wieder sind neue Köche zu Gast. Am besten auf Social Media die aktuellen News verfolgen.

61. MIZNON

LE MARAIS • *22 Rue des Ecouffes*
+ 33 1 42 74 83 58

Ein Lunch-Lieblingstipp von unserem Local Soulmate und Food-Expertin Wendy Lyn. Dieses kleine einfache Restaurant wird vor allem von der Nachbarschaft heiß geliebt. Spezialitäten des israelischen Küchenchefs Eyal Shani sind der geröstete Blumenkohl und die gefüllten Pita-Brote.

62. BREIZH CAFÉ

LE MARAIS • *109 Rue Vieille du Temple*
breizhcafe.com • + 33 1 42 72 13 77

Die wahrscheinlich bekannteste Crêperie in Paris: aber so sehr wir Geheimtipps lieben, hier gibt es einfach unglaublich leckere Crêpes. Aufgrund der Bekanntheit wird es hier schnell ziemlich voll, aber damit ist in Paris überall zu rechnen.

63. TROIS FOIS PLUS DE PIMENT

LE MARAIS • *184 Rue Saint-Martin*
troisfoisplusdepiment.fr • + 33 6 52 66 75 31

Hier gibt es die beste chinesische Nudelsuppe und die besten Dumplings in Paris! Nur nicht von der Warteschlange abschrecken lassen. Die Gerichte sind tendenziell sehr scharf, also beim Bestellen darauf achten.

64. DESSANCE

LE MARAIS • *74 Rue des Archives*
dessance.com • *+ 33 1 42 77 23 62*

Exzellentes Dessert-only-Restaurant für ein besonders schönes und ungewöhnliches Dinner-Erlebnis. Küchenchef Christophe Boucher kochte zuvor in verschiedenen Sternerestaurants, bevor er hier ungewöhnliche Dessert-Kreationen erfindet. Besonders zu empfehlen ist die Getränke-Begleitung, die auch nichtalkoholische Kompositionen mit Kräuterextrakten und Kefir bietet.

65. LE SAUVAGE

CHAMPS-ÉLYSÉES & GRANDS BOULEVARDS • 7 Rue Roy
+33 1 45 22 22 46

Das Le Sauvage hat, wie viele andere ausgezeichnete Restaurants in Paris, eine eigene Weinbar mit gleichem Namen eröffnet. Beides sind vorzügliche Empfehlungen für einen Besuch zum Dinner, wobei es in der Weinbar in St. Germain teils lauter und heiterer zugeht . Das Restaurant besticht hingegen mit schickem Interieur und romantischer Atmosphäre.

69.

Man soll dem Leib etwas Gutes bieten,
damit die Seele Lust hat,
darin zu wohnen.

– Winston Churchill

66. TAVLINE

LE MARAIS • *25 Rue du Roi de Sicile*
tavline.fr • *+ 33 9 86 55 65 65*

Sehr leckeres, authentisch israelisches Essen mit ausgezeichneter Schakschuka und einem überraschend guten Apfelstrudel. Das einfache Restaurant liegt zentral in Le Marais und ist damit ein super Ort zum Lunch.

67. LE PETIT MARCHÉ

LE MARAIS • *9 Rue de Béarn*
lepetitmarche.eu • *+ 33 1 42 72 06 67*

Das Restaurant liegt direkt am Place des Vosges. Die Spezialität des Hauses ist die karamellisierte Entenbrust mit gegrillter Banane und die Atmosphäre ist perfekt für ein gemütliches Dinner in französischem Ambiente.

68. LE CHÂTEAUBRIAND

MONTMARTRE & NORDEN
129 Avenue Parmentier • *lechateaubriand.net*
+ 33 1 43 57 45 95

Das moderne Bistro ist neuerdings mit einem Stern ausgezeichnet und trotzdem findet sich hier junge und entspannte Bistro-Atmosphäre. Die Gerichte sind bezaubernd angerichtet und die gesetzte kreative Karte wechselt kontinuierlich. Auch die dazugehörige Weinbar Dauphin ist meisterlich.

69. LE COQ RICO

MONTMARTRE & NORDEN • *98 Rue Lepic*
lecoqrico.com • *+ 33 1 42 59 82 89*

Ein nettes kleines Restaurant mit herzlichem Service. Wie der Name vermuten lässt, ist die Hausspezialität das gebackene Hähnchen. Ein Lunch hier lässt sich perfekt mit einem Spaziergang in Montmartre verbinden.

70. PANAME BREWING COMPANY

MONTMARTRE & NORDEN • *41 bis Quai de la Loire* • *panamebrewingcompany.com*
+ 33 1 40 36 43 55

Eine kleine private Brauerei mit Comfort Food at its best! Burger, Steak mit Pommes Frites oder knusprige Pizza. Und das direkt am Wasser, am Bassin de la Villetes.

71. RESTAURANT 52

SAINT MARTIN • *52 Rue du Faubourg Saint-Denis* • *faubourgstdenis.com*
+ 33 1 48 00 95 88

Wir sitzen hier am liebsten an den kleinen Tischen draußen und beobachten das Treiben auf der Rue du Faubourg. Hier wird moderne französische Küche serviert. Danach auf jeden Fall auf einen Drink in einem der zahlreichen Bistros und Bars in der Nachbarschaft gehen, denn in der Nacht verwandelt sich St. Denis in ein pulsierendes Ausgehviertel.

72.

76.

76.

72. URFA DURUM

SAINT MARTIN • 58 Rue du Faubourg Saint-Denis • + 33 1 48 24 12 84

Die Straße ist an sich schon sehenswert, weil sie so lebendig und multi-kulti ist. Bei Urfa Durum werden auf traditionelle Weise die Lammfleischspieße über Holzkohle gegrillt und im stetig frisch gebackenen Fladenbrot mit Koriander, Zitrone und Salat serviert. Es gibt auch vegetarische Versionen. Hier gehen wir jedes Mal zum Lunch hin, wenn wir in Paris sind.

73. SEPTIME

BASTILLE & OSTEN • 80 Rue de Charonne septime-charonne.fr • + 33 1 43 67 38 29

Hier finden sich keine weißen Tischdecken und keine sonstigen formellen Elemente französischer Sterneküche. Dieses moderne Bistro gilt als eines der besten Restaurants in Frankreich, dementsprechend schwierig ist es eine Reservierung zu bekommen. Ebenfalls hoch gehandelt ist die dazugehörige Weinbar La Cave du Septime.

74. AU PASSAGE

BASTILLE & OSTEN • 1bis Passage Saint-Sébastien • restaurant-aupassage.fr + 33 1 43 55 07 52

Mitten im trendigen und von Touristen bisher kaum besuchten Stadtteil Belleville liegt das rustikal gemütliche und gleichzeitig vorzügliche Restaurant Au Passage. Es ist von vielen Locals das neue Lieblingsrestaurant. Die Gerichte sind französisch-modern und kleine optische Schönheiten. Die Zutaten sind nur regional und kommen täglich frisch vom Markt. Das Dinner gehört zum perfekten Programm für einen Tag in Belleville. Alternativ gibt es noch unweit entfernt das Schwesterrestaurant Buffet.

75. LE CLOWN BAR

BASTILLE & OSTEN • 114 Rue Amelot clown-bar-paris.com • + 33 1 43 55 87 35

Dieses historische französische Bistro war früher die Kantine für die Clowns aus dem benachbarten Zirkus Cirque d'Hiver. Das schillernde Interieur aus der Belle Epoque versetzt uns in eine andere Zeit. Das Menü ist klassisch französisch und raffiniert. Gegen Abend wird es hier sehr voll und sogar die Plätze an der Bar müssen vorab telefonisch reserviert werden.

76. OBER MAMMA

BASTILLE & OSTEN • 107 Boulevard Richard Lenoir • bigmammagroup.com + 33 1 58 30 62 78

Wir sind in Paris, aber dieser Italiener ist so gut, dass man ihn erleben muss. Eine moderne schicke Trattoria mit herzlich freundlichen Kellnern und Flair. Die Trüffelpasta ist grandios, im Kupfertopf serviert und das köstliche Tiramisu wird ganz original am Tisch aus einer großen Schale gelöffelt. Eine super Abwechslung zu den sonst sehr französischen Kreationen.

Man kann nicht gut denken,
gut lieben, gut schlafen,
wenn man nicht gut gegessen hat.

–Virginia Woolf

77. KRÜGEN

BASTILLE & OSTEN 58 Rue de la Fontaine au Roi • krugen.fr • +33 9 52 29 78 79

Tolle Crêperie mit trendigem Interieur und Surf-Vibes aus der Bretagne. Perfekter Lunch Spot!

78. PNY

BASTILLE & OSTEN • 96 Rue Oberkampf pnyburger.com

Die Pariser Institution in der Stadt, wenn es um den besten Burger geht. Es gibt drei Filialen, wir empfehlen die in der Rue du Faubourg, weil wir den Vibe in der St. Denis so lieben. Ein absolutes Muss sind übrigens die mit Käse überbackenen Pommes.

79. BISTROT PAUL BERT

BASTILLE & OSTEN • 18 Rue Paul Bert +33 1 43 72 24 01

In dieser Pariser Institution wird seit über 20 Jahren herausragende, deftige französische Küche serviert. Das klassische Bistro, von Bertrand Auboyneau, baut sogar eigenes Gemüse in der Normandie und Bretagne an und entsprechend saisonal sind die Gerichte. Das Fleisch wird hier aus Prinzip roh oder medium-roh serviert. Ohne Ausnahme. Ein Lieblingstipp von unserem Local Soulmate Wendy Lyn.

80. LE SERVAN

BASTILLE & OSTEN • 32 Rue Saint-Maur leservan.com • +33 1 55 28 51 82

Tatiana Levha kommt ursprünglich aus Manila und kreiert französische Küche mit asiatischer Note. Zu Beginn unbedingt verschiedene der köstlichen Vorspeisen zum Teilen bestellen. Bei der Hauptspeise kann es teilweise abenteuerlich werden, da nahezu alle Teile des Tieres hier Verwendung finden.

81. CLAMATO

BASTILLE & OSTEN • 80 Rue de Charonne clamato-charonne.fr • +33 1 43 72 74 53

Für Fischliebhaber die beste Adresse in Paris! Ein schnörkelloses Bistro für ein schönes Dinner. Es gibt Meeresfrüchte aller Art, von Austern und Seeigel bis Venusmuscheln, Sashimi und Dorade. Es handelt sich hier um das Schwesterrestaurant des Hype Restaurants.

82. CHEZ L'AMI JEAN

ST. GERMAIN • 27 Rue Malar, 75007 Paris lamijean.fr • +33 1 47 05 86 89

Großartiges französisches Bistro, bei dem es nicht leicht ist, eine Reservierung zu bekommen. Die Atmosphäre ist laut und lebendig, der Küchenchef charismatisch und die Gerichte deftig und ausgezeichnet. Wir empfehlen die Parmesansuppe, die Rinderschmorgerichte und den Reispudding nach Hausrezept.

84.

85.

84.

83. L'AVANT COMPTOIR

ST. GERMAIN
3 Carrefour de l'Odéon

Dieses kleine Bistro ist derart lecker und empfehlenswert, dass wir es sowohl an dieser Stelle und unter der Rubrik Weinbars führen. Unbedingt zu probieren sind die Waffeln mit Schinken und Artischocke oder der Hotdog mit Ente. Exzellentes kulinarisches Erlebnis, ob zum Lunch oder mit viel Wein zu später Stunde. Auch die beiden benachbarten Schwesternbistros sind sehr gut.

84. LE BON GEORGES

CHAMPS-ÉLYSÉES & GRANDS BOULEVARDS
45 Rue Saint-Georges • lebongeorges.com
+ 33 1 48 78 40 30

Das Ehepaar Marie und Benoit führen dieses wunderbar romantische französische Bistro. Der Service ist herzlich, das Essen sehr lecker. Die aktuelle Karte wird auf eine Kreidetafel geschrieben, die Gerichte werden teils auf Geschirr wie aus Omas Zeiten serviert. Ein Stück echtes Paris.

85. LOUIS

CHAMPS-ÉLYSÉES & GRANDS BOULEVARDS
23 Rue de la Victoire • louis.paris
+ 33 1 55 07 86 52

Paris steht für Gourmetküche und das Louis ist in dieser Hinsicht eine Visitenkarte für Paris. Wer also die Meister der gehobenen französischen Küche sucht, der ist hier absolut richtig. Ein exquisites kulinarisches Erlebnis durch und durch.

86. LES COMPTOIR CANAILLES

CHAMPS-ÉLYSÉES & GRANDS BOULEVARDS
47 Rue Rodier • restaurantcomptoircanailles.com
+ 33 1 53 20 95 56

Herzliches kleines Restaurant in Pigalle mit sehr leckerer, französisch europäischer Küche, freundlich-familiärem Service und auffallend gutem Preis-Leistungsverhältnis. Zu Mittag gibt es ein Drei-Gänge-Menü bereits für 24 €. Ein besonders süßes Dessert sind die kleinen hauseigenen Madeleines!

91.

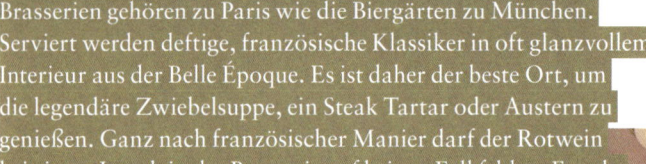

Brasserien gehören zu Paris wie die Biergärten zu München. Serviert werden deftige, französische Klassiker in oft glanzvollem Interieur aus der Belle Époque. Es ist daher der beste Ort, um die legendäre Zwiebelsuppe, ein Steak Tartar oder Austern zu genießen. Ganz nach französischer Manier darf der Rotwein bei einem Lunch in der Brasserie auf keinen Fall fehlen. Es geht gern lauter und etwas rustikaler zu.

87. CHEZ GEORGES

LOUVRE & LES HALLES • *1 Rue du Mail*
+ 33 1 42 60 07 11

88. AU PIED DE COCHON

LOUVRE & LES HALLES • *6 Rue Coquillière*
pieddecochon.com • *+ 33 1 40 13 77 00*

89. BOFINGER

LE MARAIS • *7 Rue de la Bastille*
bofingerparis.com • *+ 33 1 42 72 87 82*

90. TERMINUS NORD

MONTMARTRE & NORDEN • *23 Rue de Dunkerque*
terminusnord.com • *+ 33 1 42 85 05 15*

91. BRASSERIE L'EUROPÉEN

BASTILLE & OSTEN • *21 bis Boulevard Diderot*
l-europeen.com • *+ 33 1 43 43 99 70*

92. LE BISTROT DE PARIS

ST. GERMAIN • *33 Rue de Lille*
+ 33 1 42 61 16 83

93. BOUILLON PIGALLE

CHAMPS-ÉLYSÉES & GRANDS BOULEVARDS
22 Boulevard de Clichy • bouillonpigalle.com
+ 33 1 42 59 69 31

94. LE GEORGE (CENTRE POMPIDOU)

CHAMPS-ÉLYSÉES & GRANDS BOULEVARDS
31 Avenue George V • legeorge.com
+ 33 1 49 52 72 09

91.

91.

Brasserien

92.

92.

Die Weinbars sind in Paris eine feste Institution im abendlichen kulinarischen Programm. Ob nur für eine Kleinigkeit am frühen Abend oder für das gesamte Dinner bis spät in die Nacht: die Pariser Weinbars sind gemütliche und kulinarische Genusstempel. Oft haben die bekannten Restaurants auch eigene Weinbars in der unmittelbaren Umgebung – die perfekte Möglichkeit, wenn man nicht reserviert hat und trotzdem ausgezeichnete Küche genießen möchte. Hoffentlich kommt dieser Trend der Weinbars bald auch nach Deutschland.

95. FRENCHIE WINE BAR

LOUVRE & LES HALLES • *6 Rue du Nil*
frenchie-bav.com • *+ 33 1 40 39 96 19*

96. COINSTOT VINO

LOUVRE & LES HALLES
26bis Passage des Panoramas • *lecoinstotvino.com*
+ 33 1 44 82 08 54

97. CANDELARIA

LE MARAIS • *52 Rue de Saintonge*
candelaria-paris.com • *+ 33 1 42 74 41 28*

98. LA CAVE À MICHEL

MONTMARTRE & NORDEN
36 Rue Sainte-Marthe • *+ 33 1 42 45 94 47*

99. AUX DEUX AMIS

BASTILLE & OSTEN • *45 Rue Oberkampf*
+ 33 1 58 30 38 13

Weinbars

100. LA BUVETTE

BASTILLE & OSTEN • *67 Rue Saint-Maur*
+ 33 9 83 56 94 11

101. LA CAVE SEPTIME

BASTILLE & OSTEN • *3 Rue Basfroi*

102. TOMETTE

BASTILLE & OSTEN • *23 Rue de Cotte*
+ 33 1 53 17 09 91

103. LE DAUPHIN

BASTILLE & OSTEN • *131 Avenue Parmentier*
restaurantledauphin.net • *+ 33 1 55 28 78 88*

104. L'AVANT COMPTOIR

ST. GERMAIN • *3 Carrefour de l'Odéon*

105. SAUVAGE

ST. GERMAIN • *55 Rue du Cherche-Midi*
+ 33 1 45 48 86 79

Ins grüne Gras legen,
die Wolken zählen,
nichts machen,
einfach sein.

Picknick

> AM EIFFELTURM:
Champ de Mars oder am Jardins du Trocadéro

> CANAL SAINT-MARTIN
Zwischen Rue Dieu and Rue des Récollets

> AUF EINEM BOOT AUF DER SEINE
Zum Beispiel mit Vedettes de Paris

> PLACE DES VOSGES
Einder der schönsten Plätze mitten in Marais

> QUAI DE LA TOURNELLE
Entlang der Seine mit Aussicht auf Notre Dame

> PARC DE LA TURLURE
Kleiner, versteckter Park nahe Sacré-Cœur

> SQUARE DU VERT-GALANT
Wunderbarer Platz auf einer kleinen "Insel" an der Seine direkt bei der Brücke Pont Neuf

> PARC DES BUTTES-CHAUMONT
Großer, schöner Park im 19. Arrondissement

6. Cafés & Süßes

> *„Wo Kaffee serviert wird, da ist Anmut,*
> *Freundschaft und Fröhlichkeit!"*
> – Ansari Djerzeri Hanball Abd-al-Kadir

Wir lieben französische Cafés mit bunten Markisen und den typisch geflochtenen Stühlen, mit Kellnern im klassischen Anzug und Blick auf das rege Pariser Straßenleben. Zum heutigen Paris gehören mittlerweile auch hippe Coffeeshops mit exzellenten Kaffeeröstungen, großartigem Frühstück und herzlicher Bedienung. Zudem findet man hier die weltweit besten Pâtisserien und Bäckereien mit den unglaublichsten Éclairs und Pistazienschnecken! Zum Schluss verraten wir noch die besten Frühstückscafés für einen gelungenen Start in den Tag.

106. CLAUS

LOUVRE & LES HALLES • *14 Rue Jean-Jacques Rousseau*
clausparis.com • + 33 1 42 33 55 10

Die Deutschen mögen ihr Frühstück, während die Franzosen morgens
traditionell lediglich ein Croissant und einen Café au Lait zu sich neh-
men. Im Claus wird das großzügige Frühstück mit deutscher Passion
und französischer Eleganz zelebriert. Bon Appetit!

![Café interior with counter and "Bonjour" sign]

107. WILD & THE MOON CHARLOT

LE MARAIS • *55 Rue Charlot*
wildandthemoon.fr • + 33 1 86 95 40 44

Bei einem Shopping-Trip durch Le Marais eignet sich dieses hippe, vegane Café und Restaurant ausgezeichnet, um den weiteren Tag zu planen. Vor allem die fruchtigen Granola-Bowls zum Frühstück schmecken köstlich.

107.

109.

109.

108. CAFÉ KITSUNE

LOUVRE & LES HALLES • *51 Galerie de Mont-pensier* • *kitsune.fr* • *+ 33 1 40 15 62 31*

Beliebtes und sehr charmantes Café am Jardin du Palais Royal, der eine herrlich französische Szenerie bietet. Vom Café bummeln wir entlang der verträumten Ladenpassagen, die wie aus einer anderen Zeit wirken, und gelangen schließlich zur Kunstinstallation Colonnes de Buren auf dem Innenhof vor dem Palais Royal.

109. ANGELINA

LOUVRE & LES HALLES • *226 Rue de Rivoli* *angelina-paris.fr* • *+ 33 1 42 60 82 00*

Das Angelina ist ein Ort, der viele Geschichten zu erzählen weiß. Marcel Proust und Coco Chanel gehörten zu den berühmten Gästen dieses Kaffeehauses, das bereits 1903 durch den österreichischen Konditor Antoine Rumpelmayer gegründet wurde. Von den vielen Touristen nicht aus der Ruhe bringen lassen, zurücklehnen und einfach genießen.

110. THE HOXTON, PARIS

LOUVRE & LES HALLES • *30–32 Rue du Sentier* *thehoxton.com* • *+ 33 1 85 65 75 00*

Unser Local Soulmate Carine hat diesen besonderen Ort entdeckt. Im friedlichen Innenhof des Hoxton Hotels liegt ein hoteleigenes Café versteckt, welches auch Nicht-Hotelgäste willkommen heißt.

111. BERTHILLON GLACIER

ÎLE DE LA CITÉ • *29–31 Rue Saint-Louis en l'Île* *berthillon.fr* • *+ 33 1 43 54 31 61*

Ein Lieblingstipp von unserem Local Igor: Ein Eisbecher bei Berthillon gehört einfach zu einem glücklichen Paris-Tag dazu. Famillie Berthillon betreibt dieses Eiscafé bereits seit 1954. Familienunternehmen par excellence.

112. THE BROKEN ARM

LE MARAIS • *12 Rue Perrée* *the-broken-arm.com* • *+ 33 1 44 61 53 60*

Ein sehr hippes und super gelungenes Konzept mit Concept-Store und Café in einem. Das Café bietet leckere Kuchen, gesunde Salate, Suppen und Sandwiches und die Gerichte wechseln täglich je nach Zutaten.

113. CAFÉ CHARLOT

LE MARAIS • *38 Rue de Bretagne* *cafecharlotparis.com* • *+ 33 1 44 54 03 30*

Ein perfektes Café um dem Pariser Trubel zuzuschauen und das wahre Flair der Stadt zu erleben. Hier trifft sich unser Local Soulmate Kenza am liebsten mit Freunden auf einen Café, und so halten es auch viele andere Pariser. Dementsprechend lebhaft und laut geht es hier zu.

Der Kaffee kommt in den Magen, und alles gerät in Bewegung: die Ideen rücken an wie Bataillone der Grand Armeé auf einem Schlachtfeld.

– Honoré de Balzac

114. LE CAFÉ SUÉDOIS

LE MARAIS • *11 Rue Payenne*
paris.si.se • *+ 33 1 42 71 99 79*

Da ein Teil unserer Familie aus Südschweden kommt, sind wir natürlich begeisterte Fans von Schwedischem Fika – dem kleinen Gebäck am Nachmittag. Das Institut Suédois eignet sich sowohl für Kunst als auch für diese genüssliche wohlverdiente und energiebringende Pause am Nachmittag.

115. MAISON PLISSON

LE MARAIS • *93 Boulevard Beaumarchais*
lamaisonplisson.com • *+ 33 1 71 18 19 09*

Ein Delikatessengeschäft mit allem, was das Herz begehrt. Es liegt am längsten und ältesten der Grands Boulevards von Paris: dem Boulevard Beaumarchais. Im hauseigenen Restaurant werden mittags saisonale Gerichte gekocht.

116. OB-LA-DI

LE MARAIS • *54 Rue de Saintonge*

Ein süßes und liebevolles Café mitten in Le Marais. Das Café ist auf Instagram bekannt für das stylische Interieur mit den blau-weißen Fliesen, den perfekten Kaffee und die sehr schön angerichteten Speisen. Nicht überrascht sein, es ist sehr, sehr klein!

117. BOOT CAFÉ

LE MARAIS • *19 Rue du Pont aux Choux*
+ 33 1 73 70 14 57

Ein hippes, kleines Café mit exzellentem Kaffee und super leckeren Cookies. Gerade auf Städtereisen braucht es einfach diese kurzen Pausen.

118. FRAGMENTS

LE MARAIS
76 Rue des Tournelles

Ein gemütliches, meist sehr belebtes Café mit delikaten Zimtschnecken. Die schmecken, als wäre man in Schweden.

119. CAFÉ DES 2 MOULINS

MONTMARTRE & NORDEN • *15 Rue Lepic*
cafedesdeuxmoulins.fr • *+ 33 1 42 54 90 50*

Dieses Café ist bekannt aus dem Film „Die zauberhafte Welt der Amelie" und liegt direkt neben den berühmten Windmühlen von Moulin Rouge. Das Interieur ist einfach unglaublich schön französisch mit bunt gekacheltem Boden, Marmortheke und Flair. Die Speisen können leider nicht ganz mithalten, daher besser etwas Einfaches bestellen oder nur auf einen Café au Lait vorbeikommen und den Film Revue passieren lassen.

120. HOLYBELLY 5

MONTMARTRE & NORDEN • *5 Rue Lucien Sampaix*
holybellycafe.com • + 33 1 82 28 00 80

Um das Holybelly wird ein unvergleichlicher Hype gemacht und die Schlange zu den Stoßzeiten ist nicht zu übersehen. Es gehört aber zu Recht zu den bekanntesten Größen der Pariser Frühstückszene. Hier wird Frühstück gefeiert. Und zwar von 9 bis 5 Uhr am Nachmittag, im Restaurant und auf Instagram. In der Rue Lucien Sampaix gibt es mittlerweile 2 Filialen. Tipp: zu einer ungewöhnlichen Zeit herkommen oder auf längere Wartezeiten einstellen.

121. LA FONTAINE DE BELLEVILLE

MONTMARTRE & NORDEN
31–33 Rue Juliette Dodu

Wenn wir an Paris denken, dann haben wir natürlich französische Straßencafés vor Augen. Das Fontaine de Belleville wird jeder traumhaften Vorstellung gerecht. Bunte Korbstühle, eine royalblaue Markise, verspiegelte Wände und eine elegant geschwungene Holztheke. Glücklich in Paris, wortwörtlich!

121.

127.

122. LOMI

MONTMARTRE & NORDEN • *3 ter Rue Marcadet* • *lomi.paris* • *+ 33 9 80 39 56 24*

Ausgezeichneter Kaffee, mit exzellentem Granola und tollen Scones! Geeignet sowohl zum Frühstück als auch zum nachmittäglichen Fika.

123. HARDWARE SOCIÉTÉ

MONTMARTRE & NORDEN
10 Rue Lamarck

Nettes kleines Café nur wenige Minuten entfernt von Sacré-Cœur, aber nicht im Mittelpunkt der Touristenströme. Perfekt für eine kleine Pause und um seine Beine zu entspannen nach dem Aufstieg zum Turm von Sacré-Cœur.

124. CUILLIER

MONTMARTRE & NORDEN
19 Rue Yvonne le Tac • *cuillier.fr*

Man glaubt es kaum, aber dieser moderne Coffee-Shop mit dem exzellenten Kaffee röstet seit 1844! Ein Lieblingstipp von unserem Local Judith.

125. LE PROGRÈS

MONTMARTRE & NORDEN • *62 Rue Legendre* *leprogresbar.fr* • *+ 33 1 47 63 30 46*

Le Progrès eignet sich ausgezeichnet für eine kleine Pause von den Spaziergängen durch die malerischen Gassen von Montmartre.

126. TEN BELLES

MONTMARTRE & NORDEN • *10 Rue de la Grange aux Belles* • *tenbelles.com* *+ 33 1 42 40 90 78*

Wir sitzen liebend gern mit einem kleinen Picknick am Canal Saint-Martin und blicken auf diese lebendig-romantische Szene am Wasser. Wenn uns die Lust nach einem gegrillten Sandwich, nach süßen Scones oder einfach nach einem Kaffee packt, dann laufen wir am liebsten rüber zum Café Ten Belles.

127. BLACKBURN COFFEE

MONTMARTRE & NORDEN • *52 Rue du Faubourg Saint-Martin* • *blackburn-paris.com* *+ 33 1 42 41 73 31*

Ein nettes herzliches Café, für leckere French-Toasts am Morgen oder ein köstliches Stück Kuchen am Nachmittag.

128. PASSAGER CAFÉ

BASTILLE & OSTEN •
107 Avenue Ledru-Rollin

Kleines, süßes Café für einen schnellen Kaffee oder Snack zwischendurch.

129. SUPER CAFÉ

BASTILLE & OSTEN •
16 Rue de Fontarabie

Unsere Local Carine empfiehlt dieses nette Café in direkter Nähe zum historischen Friedhof Père Lachaise. Sie geht hier gern mit ihren Kindern hin, denn es gibt, wie der Name vermuten lässt, sehr gute Pommes und Burger.

130. BOL PORRIDGE BAR

MONTMARTRE & NORDEN • *76 Rue du Faubourg Poissonnière*
bolporridgebar.com • + 33 1 42 46 39 27

Hier gibt es super leckere und gesunde Porridge-Bowls zum Frühstück!
Porridge ist zu deutsch Haferbrei, aber im Englischen klingt das gleich
genauso schön, wie es tatsächlich aussieht und schmeckt.

131. CAFÉ MÉRICOURT

BASTILLE & OSTEN • *22 Rue de la Folie Méricourt*
cafemericourt.com • + 33 1 58 30 98 02 • €€, F

Hier gibt es einen ausgezeichneten Brunch mit allen Köstlichkeiten, die das morgendliche Herz begehren: Pancakes, Granola-Bowls und herzhafte Shakshuka (poschiertes Ei in einer würzigen Tomatensauce). Brunch gibt es hier bis 15 Uhr.

137.

138.

mokonuts

137.

132. PAPERBOY

BASTILLE & OSTEN
137 Rue Amelot

Paperboy macht einen sehr leckeren Brunch und meisterliche Sandwiches in entspannter Atmosphäre! Hier kann es zu den Stoßzeiten sehr schnell ziemlich voll werden.

133. LA GUINGUETTE D'ANGELE

BASTILLE & OSTEN • 2 Rue du Général Renault • laguinguettedangele.com +33 9 80 61 25 49

Kleiner Straßenverkauf mit leckeren Lunchboxen.

134. SCOOP ME A COOKIE

BASTILLE & OSTEN • 7 Rue Crespin du Gast scoopmeacookie.com • +33 1 73 74 28 90

Laut unseren Local Soulmates Igor und Judith gibt es hier die besten Cookies in ganz Paris! Nebenan befindet sich zudem ein kleines Museum zur Erinnerung an Edith Piaf (bekannt für das Lied „Non, je ne regrette rien").

135. THE HOOD COFFEESHOP

BASTILLE & OSTEN • 80 Rue Jean-Pierre Timbaud • thehoodparis.com • +33 1 43 57 20 50

Ein familäres Café mit einer tollen Atmosphäre. Es eignet sich hervorragend zum Brunch, aber auch am frühen Nachmittag gibt es leckere Reisbowls, und Banh Mi Sandwiches.

136. CAFÉ OBERKAMPF

BASTILLE & OSTEN • 3 Rue Neuve Popincourt cafeoberkampf.com • +33 1 43 55 60 10

Viele unserer Local Soulmates nennen es als eines ihrer absoluten Lieblingscafés. Hier gibt es ausgezeichnete gegrillte Sandwiches und leckeren Kaffee. Nach einem Frühstück kann man von hier gemütlich zum Einkaufsbummel nach Le Marais spazieren.

137. MOKONUTS

BASTILLE & OSTEN • 5 Rue Saint-Bernard +33 9 80 81 82 85

Dieses kleine wundervolle Café wird von dem passionierten Ehepaar Omar und Moko geführt. Sie backen und kochen hier zu jeder Tageszeit mit viel Liebe und großem Können in der offenen Küche. Besonders empfehlen wir das großartige Frühstück. Allein dafür lohnt sich der Weg.

138. CAFÉ LUMIÈRE PARIS

BELLEVILLE • 15 Rue Saint-Blaise cafelumiereparis.fr • +33 9 50 58 76 86

Das Café liegt im ruhigeren Bezirk St. Blaise, einem Teil von Paris, der sich seinen ruhigen Charme bewahrt hat. Das Interieur ist typisch französisch. Hier lässt sich ein Kaffee am Tresen ebenso genießen wie ein Lunch auf der Terrasse.

144.

144.

143.

139. LE BONAPARTE

ST. GERMAIN • *42 Rue Bonaparte*
+ 33 1 43 26 42 81

Schon auf der Zugfahrt nach Paris haben wir diesen Sehnsuchtsort im Kopf: ein typisch französisches Straßencafé. Wir sind glücklich, als wir hier im klassisch schönen Le Bonaparte sitzen. Ein freundlich-förmlicher Kellner in perfektem weiß-schwarzem Anzug, der uns bei strahlender Sonne, unter einer rot-weiß-blau gestreiften Marquise bedient: Französischer kann es kaum werden!

140. MAMIE GÂTEAUX

ST. GERMAIN • *66 Rue du Cherche-Midi*
mamie-gateaux.com • *+ 33 1 42 22 32 15*

Die hausgemachten Kuchen machen hier glücklich! Und obwohl es etwas außerhalb der üblichen Pfade liegt, ist am Nachmittag doch einiges los. Mittags gibt es kleine Tartes und Salate.

141. CAFÉ DE FLORE

ST. GERMAIN • *172 Boulevard Saint-Germain*
cafedeflore.fr • *+ 33 1 45 48 55 26*

Das Café de Flore wurde etwa 1880 gegründet und gehört damit zu den ältesten Cafés in Paris. Es gehört zu jenen Orten, die das französische Leben geprägt haben. Bekannte Philosophen wie Albert Camus, Jean-Paul Sartre und Simone de Beauvoir waren hier Stammgäste. Heute drängen sich natürlich die Besucher, aber trotzdem: Wir lieben es uns vorzustellen, dass wir auf dem gleichen Platz sitzen wie Camus.

142. RESTAURANT LA MOSQUÉE

QUARTIER LATIN • *39 Rue Geoffroy-Saint-Hilaire* • *www.la-mosquee.com*
+ 33 1 43 31 38 20

Völlig unscheinbar befindet sich neben der großen Pariser Moschee dieses Café mit schattigem Hinterhof. Ein perfekter Ort für Tee und süßes Gebäck. Der Service ist gemütlich, aber das stört hier keinen.

143. INSTITUT FINLANDAIS

QUARTIER LATIN • *60 Rue des Écoles*
institut-finlandais.asso.fr • *+ 33 7 68 44 07 66*

Im Finnländischen Kulturzentrum befindet sich, ganz im skandinavischen Stil, ein toller Design-Laden und ein nettes Café. Unsere Locals Igor & Judith haben ihn zufällig bei einem Spaziergang zum Panthéon entdeckt.

144. NUAGE CAFÉ

QUARTIER LATIN • *14 Rue des Carmes*
nuagecafe.fr • *+ 33 9 82 39 80 69*

Manchmal suchen wir auf einer Reise genau nach einem solchen Ort: ein Co-Working Space, wo man in tollem Ambiente, mit leckerem Kaffee und schnellem Internet die weitere Reiseplanung oder sich Notizen für den nächsten Reiseführer machen kann.

„Ich kann allem widerstehen,
nur der Versuchung nicht."

– Oscar Wilde

145. BUVETTE GASTROTHEQUE

CHAMPS-ÉLYSÉES & GRANDS BOULEVARDS
28 Rue Henry Monnier • ilovebuvette.com
+33 1 44 63 41 71

Hier gibt es das richtige Frühstück für einen glücklichen Start in den Tag. Fluffige Waffeln, herrliche Scones oder auch herzhaftere Gerichte wir pochiertes Ei. Es gibt übrigens auch eine Dependance in New York.

146. HONOR

CHAMPS-ÉLYSÉES & GRANDS BOULEVARDS
54 Rue du Faubourg Saint-Honoré
www.honor-cafe.com • +33 7 82 52 93 63

Versteckt in einem ruhigen Hinterhof abseits der üblichen Pfade, gibt es hier den besten Kaffee in Paris.

147. MUSÉE DE LA VIE ROMANTIQUE

CHAMPS-ÉLYSÉES & GRANDS BOULEVARDS
16 Rue Chaptal • vie-romantique.paris.fr
+33 1 55 31 95 67

Das Museum befindet sich im ehemaligen Wohnhaus des Schriftstellers Ary Scheffer und wurde 1830 erbaut. Neben dem an sich schon malerisch schönen Museum für Romantik befindet sich ein gläserner Wintergarten, der im Sommer als Teehaus dient. Ein grünes Paradies mitten in Paris.

148. CAFÉ LE JARDIN DU PETIT PALAIS

CHAMPS-ÉLYSÉES & GRANDS BOULEVARDS
Avenue Winston Churchill • petitpalais.paris.fr
+33 1 53 43 40 00

Direkt neben dem bekannten Grand Palais befindet sich dieses bezaubernde Café in einem sehr beeindruckenden Setting des Petit Palais. Zwischen Marmorsäulen und Palmen eignet sich das Café als ruhiger Rückzugsort für eine Tasse Tee.

106. CLAUS
LOUVRE & LES HALLES

120. HOLYBELLY
MONTMARTRE & NORDEN

121. LA FONTAINE DE BELLEVILLE
MONTMARTRE & NORDEN

130. BOL PORRIDGE BAR
MONTMARTRE & NORDEN

128. PASSAGER CAFÉ
BASTILLE & OSTEN

131. CAFÉ MÉRICOURT
BASTILLE & OSTEN

132. PAPERBOY
BASTILLE & OSTEN

135. THE HOOD
BASTILLE & OSTEN

137. MOKONUT
BASTILLE & OSTEN

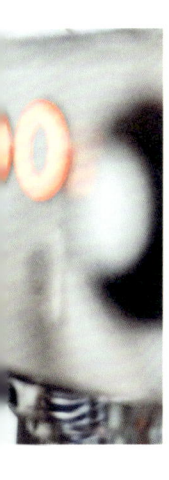

145. BUVETTE GASTROTHEQUE
CHAMPS-ÉLYSÉES & GRANDS BOULEVARDS

Frühstück

149. LADURÉE

LOUVRE & LES HALLES
14 Rue de Castiglione • www.laduree.fr

150. LA PÂTISSERIE DU MEURICE PAR CEDRIC GROLET

LOUVRE & LES HALLES • 6 Rue de Castiglione

151. BONESHAKER DOUGHNUTS

LE MARAIS • 77 Rue d'Aboukir

152. BONTEMPS

LE MARAIS • 57 Rue de Bretagne

153. LIBERTÉ

MONTMARTRE & NORDEN
39 Rue des Vinaigriers,
libertepatisserieboulangerie.com

154. PAIN PAIN

MONTMARTRE & NORDEN
88 Rue des Martyrs • www.pain-pain.fr

155. DU PAIN ET DES IDÉES

MONTMARTRE & NORDEN • 34 Rue Yves
Toudic • dupainetdesidees.com

161. PRINTEMPS DU GOUT
CHAMPS-ÉLYSÉES & GRANDS BOULEVARDS
59 Rue de Caumartin • printemps.com

162. MAMICHE
CHAMPS-ÉLYSÉES & GRANDS BOULEVARDS
45 Rue Condorcet • mamiche.fr

Pâtisserie &
Bäckerei

163. ERIC KAYSER
QUARTIER LATIN
14 Rue Monge • maison-kayser.com

156. DES GÂTEAUX ET DU PAIN
ST. GERMAIN • 63 Boulevard Pasteur
www.desgateauxetdupain.com

157. BLÉ SUCRÉ
BASTILLE & OSTEN • 7 Rue Antoine Vollon
boutdechoux.fr

158. CHAMBELLAND
BASTILLE & OSTEN • 14 Rue Ternaux
chambelland.com

159. BROKEN BISCUITS PÂTISSERIE
BASTILLE & OSTEN • 13 Avenue Parmentier
brokenbiscuits.fr

160. BOULANGERIE BO
BASTILLE & OSTEN • 85bis Rue de Charenton

Im Augenblick haben wir alle Zeit der Welt.

– Michael Richter

7. Shops

Paris bestimmte die Mode Europas. Aus alten Handwerks-
techniken entstanden die großen Luxusmarken, wie wir sie
heute kennen. Ob Modeboutiquen und Vintageläden in Haut
Marais, wundervolle Galerien aus dem 19. Jh. in Louvre & Les
Halles, Luxuslabels und Concept-Stores in St. Germain oder
unabhängige kleine Läden in Belleville, hier ist für jeden Ge-
schmack etwas dabei. Natürlich dürfen auch bizarre Interieur-
Geschäfte, ehrwürdige Kaufhäuser und Flaniermeilen mit kunst-
vollen Schaufenstern nicht fehlen.
Im Folgenden verraten wir unsere Lieblingstipps für die schönste
Einkaufstour in Paris.

„Das Schönste im Leben ist kostenlos.
Das zweistschönste ist ziemlich teuer.“
– Coco Chanel

164. NOSE

LOUVRE & LES HALLES • *20 Rue Bachaumont*
nose.fr

Wer auf der Suche nach einem neuen, ungewöhnlichen, personalisierten Duft ist, sollte im Nose vorbeischauen. In dem 175 qm großen Shop kann man außergewöhnliche Düfte finden und eine Parfümdiagnose machen, welches am besten zu seiner eigenen Person passt.

165. MAISON SARAH LAVOINE

LOUVRE & LES HALLES • *6 Place des Victoires*
sarahlavoine.com

Interior Designshop gegründet von Sarah Lavoine, welche schon viele
Häuser, Lofts und Hotels eingerichtet hat. Man findet wunderschöne
Farbkombinationen und einen gewissen Pariser Stil vor. „Glücklich zu
sein, ist eine Art zu leben", ist das Manifest, das alle Aktivitäten des
Hauses Sarah Lavoine heute vereint.

169.

Jardin du Palais-

166. CHARVET

LOUVRE & LES HALLES • *28 Place Vendôme*
charvet.com

Ein Männertraum. Sehr schicke Krawatten und Hemden mit exzellenter Beratung. Alle Produkte werden in Frankreich hergestellt und machen Charvet zu einer Institution für den eleganten Herrn. Die Marke kleidet seit 1838 Politiker und Royals auf der ganzen Welt ein.

167. LORENZ BÄUMER

LOUVRE & LES HALLES • *19 Place Vendôme*
lorenzbaumer.com

Extravaganter Schmuckladen direkt am prachtvollen königlichen Place Vendôme. Hier lässt sich wunderbar flanieren und eventuell zur Tea Time im Ritz einkehren, aber vorher reservieren.

168. LA CONTRIE

LOUVRE & LES HALLES • *11 Rue de la Sourdière* • *lacontrie.com*

Sehr schöne qualitative Ledertaschen und Leder-Accessoires. Ein Geheimtipp!

169. GALERIE VIVIENNE

LOUVRE & LES HALLES • *Galerie Vivienne*

Die Galerie Vivienne ist eine überdachte Ladenpassage mit Glasdach aus der ersten Hälfte des 19. Jahrhunderts. Das Flair ist auch heute noch einmalig und perfekt, wenn es mal regnen sollte. Ein perfekter Ausflug in die Vergangenheit!

170. L'APPARTEMENT SÉZANE

LOUVRE & LES HALLES • *1 Rue Saint-Fiacre*
sezane.com

Die Gründerin Morgane Sézalory gilt in Frankreich als Vorreiterin in Sachen Onlineshopping. Die Kollektionen treffen den Pariser Chic wie den Nagel auf den Kopf. In ihrem Laden kann man die schönen Stücke direkt anprobieren und kaufen. 100 % Parisienne-Feeling garantiert.

171. CHRISTIAN LOUBOUTIN

LOUVRE & LES HALLES • *19 Rue Jean-Jacques Rousseau* • *eu.christianlouboutin.com*

Ein MUSS für jede Fashionista in Paris: ein Besuch bei Christian Louboutin. Die bekannten roten Schuhsohlen lassen so manche Frau und Mann ins Schwärmen kommen. „Rot ist für mich mehr als eine Farbe", sagt Louboutin. „Es ist ein Symbol für Liebe, Blut und Leidenschaft".

172. KILIWATCH PARIS

LOUVRE & LES HALLES • *64 Rue Tiquetonne*
kiliwatch.paris

Hier findet man sowohl eigene Kollektionen der Marke als auch eine große Auswahl an qualitativer Vintage-Kleidung. Die neuen, begehrenswerten Stücke kommen immer am Mittwoch in den Laden. Die farbliche und zeitliche Sortierung hilft beim Stöbern.

173. MERCI

LE MARAIS • *111 Boulevard Beaumarchais*
merci-merci.com

Einer unserer absoluten Lieblingsläden in Paris. Hier findet man alle Brands, die dem aktuellen Zeitgeist entsprechen, bekannte wie unbekannte, sowie Accessoires für Frauen und Männer, hochwertige Produkte fürs Zuhause und wunderschöne Leinenkreationen wie Bettwäsche und Kissenbezüge. 1500 Quadratmeter in einem Hinterhof, gefüllt mit allem, was das Herz begehrt. Die Einnahmen fließen in einen Stiftungsfonds, der Bildungs- und Entwicklungsprojekte in Madagaskar finanziert. Eine tolle Idee, ein toller Laden.

174. COMMUNE DE PARIS, 1871

LE MARAIS • *19 Rue Commines*
communedeparis1871.fr

Ein schöner Männerladen mit eigenen Modekollektionen, Accessoires und Uhren. Seit 2009 kreieren Alexandre Maïsetti und Sébastien Lyky unter dem Banner Commune de Paris 1871 schicke Herrenstücke. Produziert wird ausschließlich in Europa. Ihr Motto: Freiheit, Gleichheit, Paris, soll die „Aufständischen" Querdenker von heute anziehen und kleiden. Sie arbeiten für ihre Kollektionen auch stets mit anderen Kreativen zusammen.

T.6. Design et Nature

4 Rue d'Aboukir

175.

178.

175. JACK GOMME

LOUVRE & LES HALLES • *6 Rue Montmartre*
jackgomme.com

Individuelle Taschen, hergestellt in Paris.

176. DESIGN ET NATURE

LOUVRE & LES HALLES • *4 Rue d'Aboukir*
designetnature.fr

Ein Ort zum Staunen. Design Et Nature ist ein großartiger Tierpräparator: Dutzende ausgestopfte Tiere: Tiger und Löwen, Vögel, Insekten und Schmetterlinge. Der Laden zieht private Sammler wie Interior Designer an. Die Macher sind sehr passioniert bei der Arbeit und zeigen das gerne.

177. MOYNAT

LOUVRE & LES HALLES • *348 Rue Saint Honoré* • *moynat.com*

Moynat ist eine französische Luxus-Taschenmarke mit langjähriger Geschichte. Das erste Atelier eröffnete 1849 in Paris durch Octavie and François Coulembier, Experten für Kofferprodukte. Sie begannen eine Geschäftsbeziehung mit Pauline Moynat, eine Spezialistin für hochwertige Reisetaschen und Lederwaren. Heute sind die Taschen ein wahrer Geheimtipp und Lieblinge von Understatement-Luxus-Kennern.

178. THE BROKEN ARM

LE MARAIS • *12 Rue Perrée*
the-broken-arm.com

The Broken Arm ist eine wahre Institution im Stadtteil Marais. Stylisches Café und Concept-Store in einem, mit Marken wie Patrik Ervell, Maison Margiela, Carven, Kenzo und Gyakusou. Das Café bietet leckere Kuchen, gesunde Salate, Suppen und Sandwiches und die Gerichte wechseln täglich je nach Zutaten.

179. CUISSE DE GRENOUILLE

LE MARAIS • *5 Rue Froissart*
cuissedegrenouille.com

Cuisse de Grenouille ist eine Pariser Marke, die von zwei Brüdern gegründet wurde. Lucas und Séverin interessieren sich leidenschaftlich für das Universum der Gentlemen-Surfer der 60er-Jahre und alle Ikonen dieser Zeit. Bis heute ist dies die Inspiration der Marke, welche Frauen- und Männermode anbietet, etwa Sweatshirts mit Aufnähten wie l'amour oder Surf in Paris.

180. LAURENT DUBOIS

LE MARAIS • *97–99 Rue Saint-Antoine*
fromageslaurentdubois.fr

Einer der besten Käseläden in Paris. Professionelle, begeisterte Beratung. Man findet alle verschiedenen Käsesorten, die Frankreich zu bieten hat. Nur anfassen ist nicht erlaubt.

181. AMI

LE MARAIS • *36 Rue de la Verrerie*
amiparis.com

AMI ist eines unserer Lieblingslabels für Männer aus Paris. 2011 von dem Designer Alexandre Mattiussi gegründet, bietet AMI eine stilvolle und umfassende Garderobe, die die Grenzen zwischen lässig und chic verwischt. AMI, „Freund" auf Französisch, steht für eine entspannte, authentische und freundliche Herangehensweise an Mode und fängt diese besondere Art von Pariser Lässigkeit ein: jung, cool und sorglos.

182. FLEUX'

LE MARAIS • *39 Rue Sainte-Croix de la Bretonnerie* • *fleux.com*

Hierbei handelt es sich um gleich drei Geschäfte, die allerlei nützliche und toll gestaltete Kleinigkeiten des täglichen Gebrauchs anbieten.

183. PAPIER TIGRE

LE MARAIS • *5 Rue des Filles du Calvaire*
papiertigre.fr

Papier Tigre wurde 2012 gegründet, kreiert und verkauft sehr schöne Papierprodukte für den Schreibtisch, für zu Hause oder für die schriftliche Büro-Korrespondenz. Die Waren sind farbenfroh, mit tollen Mustern und hochwertigen Materialien. Alles wird im Pariser Büro designt und hergestellt.

184. EMPREINTES – THE FRENCH CRAFT CONCEPT STORE

LE MARAIS • *5 Rue de Picardie*
empreintes-paris.com

Made in France! – Empreintes bietet mehr als 1000 Kunsthandwerkskreationen in Einzelstücken oder in kleinen Serien an. Alle ausgestellten Werke werden vom Künstler in seinem Atelier in Frankreich in Handarbeit hergestellt. Geschirr, Dekoration, Lifestyle, Schmuck, Mode-Accessoires, Möbel, Beleuchtung … Dinge mit Seele und Schönheit zum Anfassen.

185. FRENCHTROTTERS

LE MARAIS • *128 Rue Vieille du Temple*
frenchtrotters.fr

FrenchTrotters wurde 2005 von dem Paar Carole und Clarent Dehlouz gegründet. Sie reisen für ihr Leben gern und kommen von ihren Reisen mit den schönsten zeitgenössischen Stücken von Designern aus dem kosmopolitischen Universum zurück. Daraus entsteht eine feine Kuration aus schönen Dingen.

186. TOM GREYHOUND PARIS

LE MARAIS • *19 Rue de Saintonge*
tomgreyhound.fr

Sehr schöner Laden mit ausgewählter Kleidung und Accessoires für Männer und Frauen und Marken wie Philip Lim, Acne Studios, Jil Sander, Off White …

CENTRE COMMERCIAL

191.

187. ISABEL MARANT

LE MARAIS • *47 Rue de Saintonge*
isabelmarant.com

Ein Klassiker für alle modebegeisterten Menschen. 1998 eröffnete die Tochter eines französischen Vaters und einer deutschen Mutter ihre ersten Boutiquen in Paris. Ihre alltagstauglichen Designs sind inspiriert vom „Streetstyle" und gehören jahrelang zu den Lieblingen im Kleiderschrank.

188. ACNE STUDIOS

LE MARAIS • *3 Rue Froissart*
acnestudios.com

Die schwedische Kultmarke darf natürlich auch in einer Modestadt wie Paris nicht fehlen. Wir sind große Fans der Schnitte, Materialien und Jeans des Skandinaviers und auch in Paris ist der Besuch im Acne-Store ein schöner Stopp.

189. BONTON

LE MARAIS • *5 Boulevard des Filles du Calvaire* • *bonton.fr*

Einer der besten Kinderläden in Paris! Bonton wurde 2001 von dem Ehepaar Thomas und Irene Cohen gegründet. Thomas ist der Sohn der Gründer von Bonpoint und kennt das Kindermodengeschäft von Kindesbeinen an. Mit seinen wesentlichen Zutaten wie Farbe, gute Laune und Spaß zieht der Bonton-Stil Familien aus allen Gesellschaftsschichten an. Kleidung und Accessoires für Kinder von 0–12 Jahren. Im großzügigen Con-cept-Store gibt es auch einen Friseur für die Kleinen sowie Kochkurse und alle Produkte wunderschön inszeniert.

190. LA FABRIQUE GÉNÉRALE

MONTMARTRE & NORDEN • *2bis Rue Léon Cosnard* • *lafabriquegenerale.com*

Cooler Store in einer alten Werkstatt mit Loft-Design von einem ungewöhnlichen Paar geführt: Sie macht individuelle Hüte und er verkauft maßgeschneiderte Motorräder. Schräge Kombination und sehenswerte Adresse.

191. CENTRE COMMERCIAL

MONTMARTRE & NORDEN • *2 Rue de Marseille* • *www.centrecommercial.cc*

Ein weiterer Lieblingsladen von uns für Männer, Frauen und Kinder und beliebten Marken wie Veja, A kind of guise, Patagonia, Paraboot and AMI. Er wurde von den Gründern der nachhaltigen Sneaker-Marke Veja Sébastien Kopp und Kindheitsfreund François Morillion im 10. Arrondissement gegründet.

192. NOYOCO

MONTMARTRE & NORDEN • *41 Rue des Dames* • *noyoco.com*

100 % französischer Concept-Store. Es werden fast ausschließlich natürliche Materialien und nachhaltige Produkte verkauft. Noyoco ist das Aushängeschild für faire Mode aus Frankreich.

193. LA TRÉSORERIE

MONTMARTRE & NORDEN • *11 Rue du Château d'Eau*
latresorerie.fr

Sehr schöner Laden mit hochwertigen, nützlichen Haushaltswaren, Möbeln und Accessoires. Viele davon werden in Frankreich hergestellt. Daneben gibt es noch das dazugehörige schwedische Café Smörgås. Perfekt für Skandinavien-Vibes mitten in Paris.

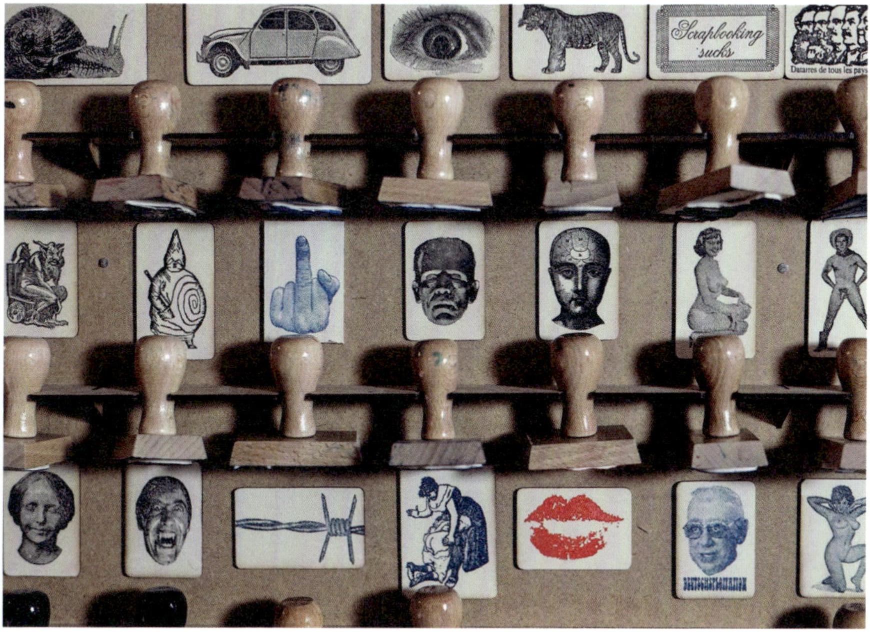

194. LE TAMPOGRAPHE SARDON

BELLEVILLE • 4 Rue du Repos
le-tampographe-sardon.blogspot.com

Ein kleines Atelier und Galerie, wo man außergewöhnliche Stempel in allen Farben, Formen und Größen erstehen kann. Wir lieben es, dass es nach wie vor solche Läden in den Städten gibt, und finden, sie gehören besucht, unterstützt und gefeiert.

196.

196.

195. MAISON AIMABLE

BASTILLE & OSTEN • 16–18 Rue des Taillandiers • www.maison-aimable.com

Hier gibt es schöne Einrichtungsgegenstände für die eigenen vier Wände: Pflanzen, Makramee-Hängeampeln, Tassen, Bilderrahmen ... Eigentlich verlassen wir Maison Aimable nie ohne eine kleine Einkaufstüte in der Hand.

196. KLIN D'ŒIL

BASTILLE & OSTEN • 6 Rue Deguerry
klindoeil.com

Ein süßer, minimalistischer Laden mit handgefertigten Produkten wie Schmuck, Geschirr, Bücher, Postkarten. Der perfekte Ort, um ein hochwertiges, originelles Geschenk für einen Lieblingsmenschen zu finden.

197. HERMÈS

ST. GERMAIN • 17 Rue de Sèvres
hermes.com

Ein Besuch bei Hermès gehört in Paris einfach dazu. Das französische Modehaus und Familienunternehmen ist der Inbegriff für Luxus aus Paris. Es wurde 1837 gegründet und steht für hohe Qualität, professionelle Handwerkskunst, Ruhm und zeitlos klassische Designs. Zwei der begehrtesten Handtaschen auf dem Luxusmarkt sind die Kelly Bag und Birkin Bag. Auch wenn man nichts kaufen möchte, ist das Shopdesign einen Besuch wert.

198. LA GRANDE ÉPICERIE DE PARIS

ST. GERMAIN • 38 Rue de Sèvres
lagrandeepicerie.com

In der Essens- und Feinkostabteilung vom Le Bon Marché kann man wunderbar für ein unvergessliches Picknick am Eiffelturm einkaufen. So macht Food Shopping Spaß! Eine beeindruckende Auswahl an Feinkost, Lebensmitteln, Spezialitäten und Getränken, großartig präsentiert. Ein wahr gewordener Traum für alle Feinschmecker! Man kann hier auch sehr lecker zu Mittag essen.

199. THE CONRAN SHOP

ST. GERMAIN • 117 Rue du Bac
conranshop.fr

The Conran Shop wurde 1974 von Terence Conran gegründet, hat seinen Ursprung in London und sich seitdem mit Geschäften in Marylebone und Paris zu einem führenden Luxushändler entwickelt. Man findet eine begehrenswerte Auswahl an Möbeln, Leuchten, Wohn-Accessoires und Geschenken von einigen der bekanntesten und aufstrebendsten Designer aus der ganzen Welt. Ein einzigartiges Einkaufserlebnis.

Ich geh jetzt in die Stadt und kauf mir was gegen Halsschmerzen. Schuhe oder so.

200. LE BON MARCHÉ

ST. GERMAIN • *24 Rue de Sèvres*
24sevres.com

Le Bon Marché ist ein zauberhafter Kaufhaus-Klassiker und zudem eines der ältesten in Paris, gegründet von den Videau-Brüdern. Wer in Paris die edelsten Schuhe, extravagantesten Kleider und Home-Accessoires und die feinsten Lebensmittel sucht, kommt seit 1852 nicht umher, ans linke Seine-Ufer zu reisen. Es zählt nach wie vor zu den besten Warenhäusern Frankreichs und ist auch für Nicht-Kaufhausfans erlebenswert. Einkaufen „mit allen Sinnen" par excellence.

201. 7L (KARL LAGERFELD BUCHHANDLUNG)

ST. GERMAIN • *7 Rue de Lille*
librairie7l.com

In der Rue de Lille 7, unweit von Saint-Germain-des-Prés, wurde dieser Buchladen 1999 von Karl Lagerfeld entworfen. Spezialisiert auf Fotografien, Design und Innenarchitektur bietet Librairie 7L eine große Auswahl an Katalogen und Monographien, die alle der Mode (Haute Couture, Textil, Schmuck) gewidmet sind. Zudem gibt es eine große Auswahl an Büchern über Gärten und Landschaften sowie schöne Kochbücher.

202. PRINTEMPS DE L'HOMME

CHAMPS-ÉLYSÉES & GRANDS BOULEVARDS
64 Boulevard Haussmann • printemps.com

Ein Einkaufszentrum mit einer sehr guten und für Paris sehr ruhigen Männerabteilung. Hier kann Mann in Ruhe die neueste Mode anprobieren und kaufen. Tipp: von der Dachterrasse hat man einen atemberaubenden Blick über die Stadt. Ohne Warteschlangen und Menschenmassen kann man bei einem Drink verträumt über die Dächer von Paris schauen.

203. GALERIES LAFAYETTE HAUSSMANN

CHAMPS-ÉLYSÉES & GRANDS BOULEVARDS
40 Boulevard Haussmann
haussmann.galerieslafayette.com

Es ist eines der ältesten Kaufhäuser in Frankreich und beliebt unter anderem wegen seiner Jugendstilarchitektur. Ein wahrer Einkaufstempel mit allen relevanten Marken und Produkten. Auch hier ist die Dachterrasse sehr zu empfehlen, von der man einen grandiosen Blick über Paris geschenkt bekommt.

204. PUCES DE VANVES

MONTPARNASSE & SÜDEN • *14 Avenue Georges Lafenestre* • *pucesdevanves.fr*

Einer unserer Lieblingsflohmärkt in Paris, geöffnet am Samstag und Sonntag von 7.00–14.00 Uhr. Je früher man kommt, desto besser. Der Markt ist relativ entspannt und man kann tolle Schätze finden. Handeln nicht vergessen – das gehört am Flohmarkt einfach dazu.

205. MAMA PETULA

MONTPARNASSE & SÜDEN • *74 Avenue Denfert-Rochereau Bâtiment Oratoire*

Sehr schöner Pflanzenladen, falls man gerade nach Paris gezogen ist und die Wohnung begrünen möchte oder auf der Suche nach einem grünen Geschenk ist.

Moncœur, Belville

8. Bars, Musik & Vergnügen

In Paris wurde das moderne Vergnügen erfunden. Musik und Theater in Pigalle, Kulinarik und Weinbars in Bastille, imposante Stücke in der Oper beim Louvre, eine neue Cocktail-Szene an den Grands Boulevards oder bis in die frühen Morgenstunden Wein trinken in St. Denis – Paris zelebriert den Genuss in jeglicher Hinsicht. Das große Angebot reicht von wild & laut bis romantisch & leise. So oder so, wir wünschen viel Freude mit unseren persönlichen Lieblingstipps.

> *„Die Nächte lehren viel, was die Tage*
> *niemals wissen …"*
> – aus Persien

RUE SAINT-DENIS

206. EXPERIMENTAL COCKTAIL CLUB
LOUVRE & LES HALLES • *37 Rue Saint-Sauveur*
experimentalevents.com

207. BAR HEMINGWAY
LOUVRE & LES HALLES • *15 Place Vendôme*
ritzparis.com

208. MABEL
LOUVRE & LES HALLES • *58 Rue d'Aboukir*

209. PARIS PLAGE
LE MARAIS • *Parc des Rives de Seine*

210. LE SHERRY BUTT
LE MARAIS • *20 Rue Beautreillis*

211. LE MARY CÉLESTE
LE MARAIS • *1 Rue Commines*
lemaryceleste.com

212. BISOU
LE MARAIS • *15 Boulevard du Temple*
bar-bisou.fr

213. CANDELARIA
LE MARAIS • *52 Rue de Saintonge*
candelaria-paris.com

214. LITTLE RED DOOR
LE MARAIS • *60 Rue Charlot*
lrdparis.com

215. COPPER BAY
MONTMARTRE & NORDEN • *5 Rue Bouchardo*
copperbay.fr

216. LE SYNDICAT
MONTMARTRE & NORDEN • *51 Rue du Faubourg Saint-Denis* • *syndicatcocktailclub.cor*

217. LE COMPTOIR GÉNÉRAL
MONTMARTRE & NORDEN • *80 Quai de Jemmapes* • *lecomptoirgeneral.com*

234.

217.

Bars

218. LE BARON ROUGE
BASTILLE & OSTEN • *1 Rue Théophile Roussel*
lebaronrouge.net

219. CASTOR CLUB
ST. GERMAIN • *14 Rue Hautefeuille*

220. TIGER
ST. GERMAIN • *13 Rue Princesse*
tiger-paris.com

221. LE BAR DE MAISON SOUQUET
CHAMPS-ÉLYSÉES & GRANDS BOULEVARDS
10 Rue de Bruxelles • *maisonsouquet.com*

222. PRINTEMPS HAUSSMANN
CHAMPS-ÉLYSÉES & GRANDS BOULEVARDS
64 Boulevard Haussmann • *printemps.com*

223. LULU WHITE
CHAMPS-ÉLYSÉES & GRANDS BOULEVARDS
12 Rue Frochot

217.

217.

Live-Musik

224. LA BELLEVILLOISE
LOUVRE & LES HALLES • *19–21 Rue Boyer*
labellevilloise.com

225. LE PIANO VACHE
MONTMARTRE & NORDEN • *8 Rue Laplace*
peninsula.com

226. PHILHARMONIE
MONTMARTRE & NORDEN
221 Avenue Jean Jaurès • *philharmoniedeparis.fr*

227. ROSA BONHEUR
MONTMARTRE & NORDEN • *2 Avenue de la Cascade*
rosabonheur.fr

228. MONCOEUR BELLEVILLE
BASTILLE & OSTEN • *1 Rue des Envierges*
moncoeurbelleville.com

229. LE CAVEAU DE LA HUCHETTE
LATIN QUARTER • *5 Rue de la Huchette*
caveaudelahuchette.fr

230. PALAIS GARNIER
CHAMPS-ÉLYSÉES & GRANDS BOULEVARDS
8 Rue Scribe • *operadeparis.fr*

228.

231. CHEZ PAPA JAZZ CLUB

CHAMPS-ÉLYSÉES & GRANDS BOULEVARDS
3 Rue Saint-Benoît • papajazzclub-paris.fr

232. L'OLYMPIA – BRUNO COQUATRIX

CHAMPS-ÉLYSÉES & GRANDS BOULEVARDS
28 Boulevard des Capucines • olympiahall.com

233. LA CIGALE

CHAMPS-ÉLYSÉES & GRANDS BOULEVARDS
120 Boulevard de Rochechouart • lacigale.fr

228.

229.

9. Hotels

Wir lieben Hotels mit Seele, einzigartige Orte und die Geschichten, die dort geschrieben werden. Und wir lieben passionierte Gastgeber, die wissen, was dem Gast Freude bereitet. Kontraste sind ebenso willkommen wie echte Herzlichkeit, vom kleinen, versteckten Hide-Away bis hin zum großzügigen luxuriösen Stadthotel. Eine Auswahl unserer Paris-Lieblinge findest du auf den folgenden Seiten.

„Der Schlaf ist doch die köstlichste Erfindung ..."
— Heinrich Heine

234. HÔTEL DES GRANDS BOULEVARDS

LOUVRE & LES HALLES • *17 Boulevard Poissonnière*
grandsboulevardshotel.com • *+ 33 1 85 73 33 33* • *€€€*

Ihren Freunden empfiehlt unsere Local Soulmate Wendy gern dieses Hotel im nördlichen Zentrum der Stadt. Am Rande des zentralen Stadtteils Louvre & Les Halles in Nähe zu unserem Lieblingsrestaurant *Frenchie*. Die Zimmer sind sehr edel mit Marmor, wundervollen Badezimmern und einem eindrucksvollen modernen Himmelbett ausgestattet. Vor dem Dinner unbedingt in die Bar auf der Dachterrasse gehen.

235. HÔTEL CARON DE BEAUMARCHAIS

LE MARAIS • *12 Rue Vieille du Temple*
carondebeaumarchais.com • +33 1 42 72 34 12 • €€

Ein bezauberndes kleines Boutiquehotel im französischen Stil in zentraler Lage in Marais. Mit den blumigen Tapeten, den Kronleuchtern und den über die Jahre arrangierten Möbeln wirkt es wie aus der Zeit gefallen und ist sehr gemütlich. Einige Zimmer haben tolle französische Balkone, perfekt für ein einfaches französisches Frühstück mit Café, Croissant und Orangensaft.

236. HÔTEL PROVIDENCE

MONTMARTRE • *90 Rue René Boulanger*
hotelprovidenceparis.com • + 33 1 46 34 34 04 • €€

Schickes Boutiquehotel mit 18 Zimmern aus dem Jahre 1854 und in einem unserer Lieblingsviertel Haut Marais. 53 Zimmer mit originellem Grundriss, recht groß und mit Balkon. Die Zimmer sind mit Liebe zum Detail und sehr schönen unterschiedlichen Tapeten eingerichtet.

237. MAISON SOUQUET

MONTMARTRE • *10 Rue de Bruxelles*
maisonsouquet.com • + 33 1 48 78 55 55 • €€€

In einer Seitengasse gegenüber dem *Moulin Rouge* befindet sich dieses über-wältigende 5-Sterne-Hotel, eines der besten Hotels in Paris. Ganz im Stil von Pigalle und dem Rotlichtcharme des 19. Jh. wird man empfangen von rotem Plüsch, Marmor, Samt und französischem Luxus. Die edle, verruchte Eleganz zieht sich stringent durch die Bar und die romantischen Zimmer. Eine dringende Empfehlung an verliebte Paare für einen luxuriösen Auf-enthalt. Das Frühstück ist ebenso exzellent wie die Cocktails am Abend.

238. MAMA SHELTER PARIS

BELLEVILLE • *109 Rue de Bagnolet*
mamashelter.com • + 33 1 43 48 48 48 • €

Ein früheres Parkhaus wurde hier von dem bekannten Designer Philippe Starck mit 170 Zimmern zu neuem Leben erweckt und hat mittlerweile Kultstatus erreicht. Etwas weiter entfernt gelegen, im 20. Arrondissement, kann man hier ein etwas raueres Paris kennenlernen. Bei Sonnenschein lässt sich die Dachterrasse genießen und die Pizzeria hat 24/7 geöffnet.

239. HÔTEL HENRIETTE PARIS

QUARTIER LATIN • *9 Rue des Gobelins*
hotelhenriette.com • + 33 1 47 07 26 90 • €

In einer kleinen Seitenstraße, aber doch zentral im Quartier Latin und in direkter Nähe zur historisch charmanten Straße Rue Mouffetard, liegt das Hotel Henriette. Das Interieur fühlt sich an wie eine Mischung aus französischem Charme und skandinavischer Coolness. Mit individuellen, bunt verzierten Tapeten, gemütlichen Ohrensesseln und ausgewählten 60er-Jahre-Vintage-Möbeln. Ein weiteres Highlight ist der kleine, aber wundervoll romantische Garten im Hinterhof.

240. LE PAVILLON DE LA REINE

LE MARAIS • 28 Place des Vosges
pavillon-de-la-reine.com • + 33 1 40 29 19 19 • €€€

Dieses 5-Sterne-Hotel befindet sich in allerbester Lage am Place des Vosges (ältester Platz in Paris) in Le Marais und ist trotzdem ruhig gelegen mit einem bezaubernden Garten und efeubewachsenen Fassaden. Die Zimmer sind eindrucksvoll und reichen von modern-elegant bis gemütlich-französisch, behalten jedoch die Originalität dieses historischen Ortes bei. Der größte Luxus ist diese einzigartige Lage in Haut Marais. Viel Freude beim genussvollen Erkunden!

241. GRAND PIGALLE HÔTEL

CHAMPS-ÉLYSÉES & GRANDS BOULEVARDS • *29 Rue Victor Massé*
grandpigalle.com • + 33 1 85 73 12 00 • €€

Trendiges modernes Boutiquehotel in direkter Nähe zum Ausgehviertel
Pigalle und zum malerischen Montmartre. Die Zimmer sind schlicht
und elegant und in der oberen Etage gemütlich als Maisonette. Das
Frühstück ist lecker, für Drinks empfehlen wir das *Lulu White* eine
Ecke weiter. Die U-Bahnstation ist nur 5 Minuten entfernt.

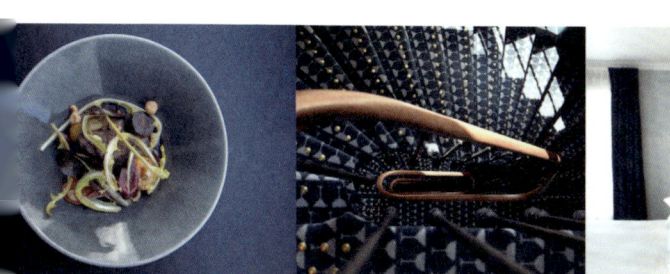

246.

246.

242. PETIT MOULIN PARIS

LE MARAIS • *29 Rue de Poitou* • *€€€*
hotelpetitmoulinparis.com • *+33 1 42 74 10 10*

Das von außen unscheinbare Boutique-hotel in einer ehemaligen Bäckerei aus dem 17. Jh. besticht mit französischem Charme und extravagantem Interieur, das vollständig von Designer Christian Lacroix gestaltet wurde.

243. FABRIC

BASTILLE & OSTEN • *31 Rue de la Folie Méri-court* • *hotelfabric.com* • *+33 1 43 57 27 00* • *€€*

Wundervolles und herzlich geführtes Boutiquehotel mit 33 Zimmern im trendigen Viertel Oberkampf zwischen Belleville und Le Marais. Das Gebäude entstammt einer ehemaligen Fabrikhalle und Elemente wie die roten Backstein-wände lassen diese Geschichte noch erkennen. Leckeres Frühstücksbuffet! Sehr beliebt, daher früh reservieren. Und auf jeden Fall mit unseren Tipps die spannende Gegend um das Hotel erkunden und eine andere authentische Seite von Paris kennenlernen.

244. HÔTEL DES GRANDES ECOLES

QUARTIER LATIN • *75 Rue du Cardinal Lemoine* • *hotel-grandes-ecoles.com* *+33 1 43 26 79 23* • *€€*

Die Zimmer sind um den schönen üppigen Garten des Hotels angeordnet und sind vergleichsweise klein und einfach. Wenn man jedoch viel auf Ent-deckungstour in Paris unterwegs ist und ein moderates gutes Hotel mit nettem Personal sucht, dann ist diese Adresse genau richtig.

245. HÔTEL L'HÔTEL

ST. GERMAIN • *13 Rue des Beaux Arts* *l-hotel.com* • *€€€*

Ein opulentes, luxuriöses 5-Sterne-Ho-tel in Oscar Wildes letzter Wohnstätte mit 20 Zimmern, gelegen in der Altstadt von Saint-Germain-des-Prés. Die Zimmer im Barockstil sind individuell eingerichtet. Das Louvre-Museum ist nur 700 m vom L'Hotel entfernt und nach der Stadttour gibt es ein Hamam und ein Dampfbad zum Entspannen.

246. LE PIGALLE

CHAMPS-ÉLYSÉES & GRANDS BOULEVARDS *9 Rue Frochot* • *lepigalle.paris* *+33 1 48 78 37 14* • *€*

Charmantes, kleines Hotel zwischen Montmartre und Pigalle in einem ehemaligen Bordell. Viele nette Restaurants und Bars sind zu Fuß von dort aus erreichbar. Die Zimmer sind mit Liebe zum Detail eingerichtet und man fühlt sich sehr wohl – fast so, als wäre man zu Besuch bei Freunden. Auch das Frühstück ist sehr zu empfehlen.

247. LES 3 CHAMBRES B & B

CHAMPS-ÉLYSÉES & GRANDS BOULEVARDS
14 Rue Bleue • les3chambres-paris.com
+ 33 1 42 47 07 42 • €€

Ein außergewöhnliches Highlight, um in Paris zu nächtigen: Der passionierte Gastgeber Laurent vermietet drei sehr geschmackvolle Zimmer in seiner Wohnung. Jedes Zimmer hat ein eigenes Badezimmer und am Morgen wartet ein liebevoll zubereitetes Frühstück auf den Gast. Zusätzlich empfiehlt Laurent seine Lieblingstipps für Besichtigungen, Restaurants, usw. … Ein Ort mit Seele par excellence.

248. HÔTEL PANACHE PARIS

CHAMPS-ÉLYSÉES & GRANDS BOULEVARDS
1 Rue Geoffroy-Marie • hotelpanache.com
+ 33 1 47 70 85 87 • €€

Die Besitzer Adrien und Julie haben nach dem Erfolg mit ihrem ersten Hotel Paradis nun ihr zweites Haus bei den Grands Boulevards eröffnet. Die 40 Zimmer sind französisch modern eingerichtet und in der Bibliothek finden sich tolle großformatige Bildbände über Paris. Auch wenn es viele verlockende Restaurants und Cafés in der Umgebung gibt, ist das hauseigene Restaurant vom erfahrenen Gastronomen David Lanher zu empfehlen, der ebenfalls das bekannte französische Restaurant *Racines* betreibt.

249. HÔTEL AMOUR

CHAMPS-ÉLYSÉES & GRANDS BOULEVARDS
8 Rue de Navarin • hotelamourparis.fr
+ 33 1 48 78 31 80 • €€

Der Name scheint zunächst etwas plakativ, aber tatsächlich ist es ein hübsches romantisches Hotel im sehr belebten Ausgehviertel Süd-Pigalle. Das Thema der Stadt der Liebe ist mit Farbe, Bildern und Interieur authentisch und nicht zu aufdringlich umgesetzt. Der perfekte Ort, um auch das benachbarte Montmartre zu erkunden. Der sehr schöne und grüne Hinterhof und Wintergarten lädt zu leckeren Drinks ein. Falls keine Zimmer mehr verfügbar sind, kommt auch das Schwesterhotel Grand Amour in Frage.

250. LE PAVILLON DES LETTRES

CHAMPS-ÉLYSÉES & GRANDS BOULEVARDS
12 Rue des Saussaies • pavillondeslettres.com
+ 33 1 49 24 26 26 • €€

Das kleine feine Boutique Hotel liegt sehr zentral und ruhig neben dem Élysée Palast und der luxuriösen Rue Honoré. Die 26 Zimmer sind in französisch modernem Stil und nach 26 ausgewählten europäischen Literaten benannt und gestaltet. Von ausgewählten Zimmern hat man sogar Blick auf den Eiffelturm.

10. Besondere Lieblingsorte

Wo erlebt man den schönsten Sonnenuntergang über Paris? Wo entdeckt man den romantischsten Ort für ein Picknick? Wo findet man die authentischsten Wochenmärkte und Flohmärkte? In welchen Straßen spürt man den unverwechselbaren Charakter von Paris am besten? Und welche Ausflüge auf's Land sind empfehlenswert? All das verraten wir hier.

„Gib jedem Tag die Chance,
der schönste deines Lebens zu werden."
– Mark Twain

WEITSICHT GENIESSEN:
vom 8. Stock des Kaufhauses Printemps

64 Boulevard Haussmann

AUSFLÜGE

MÄRKTE

AUSBLICKE

AUSFLÜGE	MÄRKTE	AUSBLICKE
Claude Monets Haus *84 Rue Claude Monet* *Giverny*	**Marché d'Aligre** *Rue d'Aligre et, Place d'Aligre*	**Triumphbogen** *Place Charles de Gaulle*
Musée de l'air et de l'espace *Aéroport de Paris-Le Bourget* *Le Bourget*	**Marché du President Wilson** *Avenue du Président Wilson*	**Institut du Monde Arabe** *1 Rue des Fossés Saint-Bernard*
Schloss Chantilly *60500 Chantilly*	**Les Puces de Saint-Ouen** *93400 Saint-Ouen*	**Mama Shelter** *109 Rue de Bagnolet*
Jardin des Serres d'Auteuil *3 Avenue de la Porte d'Auteuil*	**Marché des Enfants Rouges** *39 rue de Bretagne* *Haut Marais*	**Marché des Enfants Rouges** *39 rue de Bretagne*
Schloss Versaille *Place d'Armes* *Versailles*	**Marché Dauphine** *132-140 Rue des Rosiers* *Saint-Ouen*	**Hotel Bachaumont** *8 Rue Bachaumont*
Marché Raspail *Boulevard Raspail*	**Marché Bastille** *8 Boulevard Richard Lenoir*	**Printemps Restaurant 8. Stock** *64 Boulevard Haussmann*
Beaune, Burgundy mit The Cook's Atelier *43 Rue de Lorraine* *Beaune*		**Grande Arche La Défense** *1 Parvis de la Défense*
		Galerie Lafayette Dachterrasse *40 Boulevard Haussmann*

WEITERE RECHERCHE + TIPPS:

BLOGS
> *nectarandpulse.com*
> *wendy-lyn.com*
> *lostincheeseland.com*
> *parisfoodaffair.com*
> *myparisianlife.com*
> *hipparis.com*
> *messynessychic.com*

TOUREN + MUST DO'S
> Katakomben von Paris
> Tanzen an der Oper oder an der Seine in der Nähe vom Institut du Monde Arabe
> Bootsfahrt auf der Seine oder im Canal St. Martin mit Vedettes de Paris oä.
> Aussicht vom Arc de Triomphe genießen
> mit öffentlichen Fahrrädern (Vélib') oder COUP Rollern die Stadt erkunden

INSTAGRAM ACCOUNTS
@parisjetaime
@candiceperrin
@wanderwonders
@paris.with.me
@sliceofpai
@parisinfourmonths
@juanjerez
@lostncheeseland
@sliceofparis
@messynessychic
@ jessiekaneloweine
@vutheara
@seb_gordon
@parisismykitchen
@topparisphoto

DANKE,

für's Kaufen, Lesen, Sich-Inspirieren-lassen, Reisen und Entdecken mit diesem Reiseführer. Er wurde mit sehr viel Feldforschung, Liebe und Freude gestaltet.

Seit 2010 haben wir es uns mit NECTAR & PULSE zur Aufgabe gemacht, die schönsten Orte dieser Welt zu finden und mit neugierigen, reiselustigen und gleichgesinnten Menschen zu teilen. Aus dieser jahrelangen Recherche und Liebe zum Reisen ist eine große Schatzkiste aus Restaurants, Cafés, Shops, Hotels, Museen, Gallerien, Seen, Bars und inspirierenden Local Soulmates entstanden. All diese Schätze findest du in unseren Guides.

Auf unserer Website kann man sich zusätzlich Tipps von Local Soulmates downloaden und nach und nach produzieren wir mehr Guides gemeinsam mit der Süddeutsche Zeitung Edition. Unter anderem gibt es die Glücklich in ... Reihe bereits für Berlin, London, Paris, Südschweden und Island. Bei Fragen oder Anmerkungen schreib uns gerne.

Eine erfüllte Reise wünschen,

Tanja & Christian

Mehr auf
NECTAR & PULSE – nectarandpulse.com
Süddeutsche Zeitung Edition – SZ-Shop.de

Instagram
@nectarandpulse
@the.rooses

Kontakt
hello@nectarandpulse.com

Das Leben ist eine Reise

IMPRESSUM

© 2019 NECTAR & PULSE GmbH & Co KG, Berlin

Idee & Redaktion: Tanja Roos und Dr. Christian Roos
Konzept, Recherche, Design & Text: Tanja Roos und Dr. Christian Roos
Layout & Satz: detailverliebt. Ulrike Poppe, Leipzig

Herausgeber: Süddeutsche Zeitung Edition 2019
für die Süddeutsche Zeitung GmbH München
Projektmanager: Till Brömer und Sabine Sternagel
Karte/Infografik: Eric Löffelmann, Anne Milachowski, Hanna Eiden
Herstellung: Thekla Licht und Hermann Weixler
Druck und Bindung: optimal media GmbH, Röbel / Müritz
ISBN: 978-3-86497-471-7
1. Auflage

–

Local Soulmates:
Wendy Lyn, Igor Josifovic & Judith de Graaff, Joann Pai,
Claus Estermann, Carine Keyvan, Sébastien Kopp &
François-Ghislain Morillion, Kenza Sadoun el Glaoui

–

Fotografie & Editing:
NECTAR & PULSE - Tanja Roos und Christian Roos

Weitere Fotos:
Coralie Florino, Lina Skukauske, Chloe Volker, Pierre Monetta, Yann Deret,
Amelot Juin, François Coquerel, Nico Alary, Julie Ansiau, Karel Balas, Kristen Pelou,
Molly Lowe, Albin Durand, Pauline Saint-Martin, Cardinale &
Rogeon Architectes, Kristen Pelou, Francis Amiand, Julie Ansiau,
Benoit Linero, Karel Balas, Romain Ricard, BC Photography

–

Die in diesem Reiseführer enthaltenen Informationen wurden von den Autoren nach bestem Wissen erstellt und von ihnen und dem Verlag mit größtmöglicher Sorgfalt überprüft. Dennoch sind inhaltliche Fehler mit letzter Gewissheit nicht auszuschließen. Daher erfolgen die Angaben ohne jegliche Verpflichtung oder Garantie. Wir bitten um Verständnis und sind jederzeit für Anregungen und Verbesserungsvorschläge dankbar.

Dies ist ein unabhängiger Reiseführer. Es wurden keine Bezahlungen entgegengenommen. Jeder Tipp wird ausschließlich empfohlen, weil er uns gefällt.

Druck und Bindung in Deutschland auf umweltfreundlichen Papier

„Es gibt keinen Weg
zum Glück.
Glücklichsein ist
der Weg."

– *Buddha*